T0017804

LA VENTA

LA VENTA

**JON GORDON
ALEX DEMCZAK**

ENTIENDE LA IMPORTANCIA DE GENERAR
CONFIANZA PARA CONSEGUIR EL ÉXITO

EMPRESA ACTIVA

Argentina – Chile – Colombia – España
Estados Unidos – México – Perú – Uruguay

Título original: *The Sale*
Editor original: John Wiley & Sons, Inc.
Traducción: María Ubierna Quintanilla

1.ª edición Enero 2024

Reservados todos los derechos. Queda rigurosamente prohibida, sin la autorización escrita de los titulares del *copyright*, bajo las sanciones establecidas en las leyes, la reproducción parcial o total de esta obra por cualquier medio o procedimiento, incluidos la reprografía y el tratamiento informático, así como la distribución de ejemplares mediante alquiler o préstamo público.

Copyright © 2022 by Jon Gordon and Alex Demczak
All Rights Reserved. This translation published under license with the original publisher John Wiley & Sons, Inc.
© de la traducción 2024 *by* Ediciones Urano, S.A.U.
© 2024 *by* Urano World Spain, S.A.U.
Plaza de los Reyes Magos, 8, piso 1.º C y D – 28007 Madrid
www.empresaactiva.com
www.edicionesurano.com

ISBN: 978-84-16997-91-6
E-ISBN: 978-84-19936-36-3
Depósito legal: M-31.033-2023

Fotocomposición: Ediciones Urano, S.A.U.
Impreso por Romanyà Valls, S.A. – Verdaguer, 1 – 08786 Capellades (Barcelona)

Impreso en España – *Printed in Spain*

Este libro está dedicado a mi querida esposa, Erin, y a mi dulce hija, Kennedy. Gracias por apoyarme siempre y por sacar lo mejor de mí y de los demás.

—ALEX

Dedico este libro a Alex por tener el valor de contar esta historia, perseguir su sueño y vivir los principios que aparecen en este libro.

—JON

CONTENIDO

AGRADECIMIENTOS

Jon y Alex:
Estamos muy agradecidos por las muchas personas en nuestras vidas que han seguido los principios de este libro y nos han apoyado de muchas maneras. Nos gustaría dar las gracias al increíble equipo de Wiley, especialmente a Shannon Vargo, Sally Baker, Michael Friedberg y Deborah Schindlar.

Jon:
Doy gracias a Alex por haberme dado esta gran idea y esta historia que pudimos convertir en un libro y en una poderosa lección que el mundo necesita escuchar. Doy gracias a mi familia por su apoyo constante y a todos los lectores que siguen leyendo y apoyando mis libros. No podría hacer esto sin vosotros y os aprecio mucho.

Alex:
Gracias a mi mujer, Erin, por sacar constantemente lo mejor de mí y por animarme a perseguir mis sueños. Gracias a mis padres, Carla y Basil, y a mi hermana, Morgan, por estar siempre a mi lado y por vivir sus vidas con integridad. Gracias a todos los miembros de mi familia extendida por su apoyo constante.

Gracias a mi coautor, Jon Gordon, por ser un mentor en mi vida y por animarme a salir de mi zona de confort en cuanto a la fe.

Gracias al editor Nathan Hassall, así como a Carla Demczak, Basil Demczak, Cindy McCachern, John McCachern, Joyce Cornwell y Ron Cornwell por revisar el manuscrito de este libro para hacerlo lo mejor posible.

Gracias a mis amigos, familia, mentores y organizaciones que me han animado a ser la mejor versión de mí mismo y que han sido grandes ejemplos de lo que significa liderar con integridad. Ya sabéis quiénes sois.

Y, lo más importante, quiero dar las gracias a Dios por haber grabado esta historia en mi corazón. El mensaje de este libro es uno que debe ser contado.

INTRODUCCIÓN

Pasa unos minutos en cualquier red social y verás una mentira omnipresente en nuestra sociedad: que el éxito, la fama y la fortuna te definen como persona, y que tienes que conseguirlo, cueste lo que cueste. Incluso si eso significa comprometer tu moral, engañar al sistema o dañar a otros en el proceso. Mucha gente cree que dejar de lado a los demás mientras se eleva a sí misma para salir adelante es parte del proceso en el camino hacia el éxito.

Pero ¿y si hubiera una forma mejor? ¿Y si pudieras tener un gran éxito sin sacrificar tu alma? ¿Y si hubiera un secreto para el éxito verdadero y duradero? Creemos que el secreto puede encontrarse en un principio que a menudo se pasa por alto y se infrautiliza: la integridad.

Aunque pueda parecer contradictorio, vivir con integridad y poner las necesidades de los demás por encima de las propias ayuda a crear confianza y, a la larga, conduce a tu propio éxito. Por supuesto, necesitarás talento para triunfar, pero son la integridad y el carácter los que maximizan tu talento y llevan a la realización de tu mayor potencial.

Al poner las noticias, a menudo escucharás historias de líderes que alcanzaron la cima del éxito en sus carreras, pero que, por su falta de integridad, todo se derrumbó a su alrededor. El efecto dominó de su mala conducta dañó la reputación de su organización, destruyó su credibilidad y destrozó las relaciones con las personas que más les importaban.

En nuestro trabajo con miles de personas, empresas, equipos deportivos profesionales y colegios ha quedado claro que la integridad nunca ha sido más importante. Hay mucho en juego y muchas cosas que mejoran cuando se hacen las cosas bien a lo largo del tiempo: la reputación, el legado, el éxito financiero, la movilidad ascendente en el trabajo, la unidad del equipo, la familia y las relaciones. Aunque esta fábula se desarrolla en un entorno empresarial, los principios de este libro pueden aplicarse a individuos, grupos o equipos de todo tipo.

Al leer esta historia, esperamos que te inspire a reflexionar profundamente sobre tu vida, a examinar tu carácter y a vivir tu vida sin remordimientos. Creemos que te alegrarás de haberlo hecho.

Jon y Alex

CAPÍTULO 1

La loca vida de Matt

Matt siempre se despertaba ansioso, y ese día era más de lo mismo. Saltó de la cama cuando su despertador sonó a la hora habitual de las cinco y media de la madrugada. Mientras se vestía, su mujer, Kendra, se revolvió en la cama y preguntó:

—¿Cuántos días dijiste que estarías fuera esta vez?

—Cuatro días. Ya verás como pasan rápido —respondió mientras entraba en el baño para lavarse los dientes. Después de quince años de matrimonio, Kendra estaba acostumbrada a la apretada agenda de trabajo de Matt y trataba de aprovechar al máximo su tiempo cuando él no estaba. Estaba agradecida de que le fuera bien con el trabajo, pero en el fondo tenía la sensación de que su estilo de vida no era sostenible y no era ideal para sus dos hijos.

—Muy bien, cuídate, cariño —contestó ella.

—Gracias. Esta vez llegaré a tiempo.

—Claro, ya lo veremos —dijo ella. Kendra sabía que Matt rara vez llegaba a tiempo de sus largos viajes por carretera. Empezaba a estar resentida con él y con su matrimonio por su distancia física y emocional. El año anterior, Matt había estado fuera un total de doscientos cincuenta días. Se veía a sí mismo como el proveedor de la familia y hacía lo que fuera necesario, incluso trabajar muchas horas, para mantener a su mujer y a sus hijos.

Matt se puso el traje, se despidió de Kendra con un beso y luego fue a las habitaciones de los niños y les dijo que los quería. Cerró las puertas de sus habitaciones y se marchó a otro viaje de negocios.

Esta vez el destino era Tokio (Japón). Iba a reunirse con sus clientes potenciales sobre una nueva tecnología que su empresa de aviación, Turnbow Technologies, había desarrollado. Después de la universidad, Matt empezó como becario en Turnbow, la empresa que su abuelo, Jerry Williams, fundó en la década de los ochenta. Con el paso de los años, Turnbow se había convertido en una de las empresas de tecnología de aviación más exitosas del país, conocida por su excelente servicio a los clientes, su gran cultura empresarial y sus valores orientados a la misión. La empresa era calificada regularmente como una de las mejores compañías estadounidenses y como uno de los mejores lugares para trabajar. Miles de personas solicitaban trabajar en Turnbow cada año. Matt siempre se sintió destinado a trabajar en la empresa familiar y nunca consideró otras opciones profesionales.

El hermano mayor de Matt, Luke, se graduó con un MBA en la Harvard Business School. Luke y dos de sus amigos crearon una empresa llamada Crypto-Magic, una innovadora tecnología de cadena de bloques. Unos años después de crear la empresa, la vendieron y ganaron millones. Luke ya tenía la vida resuelta. Matt siempre había admirado a su hermano mayor y anhelaba su vida. Recientemente, Matt se había sentido bombardeado por el flujo constante de fotos en las redes sociales que destacaban los viajes por el mundo de Luke con su mujer y sus tres hijos en lugares exóticos a los que él mismo desearía poder llevar a su familia. Creía que, si ganaba más dinero, tendría el nivel de flexibilidad y seguridad financiera que tenía su hermano.

Cuando Matt comenzó en Turnbow, su objetivo era ganar millones antes de cumplir los treinta años, pero ahora tenía treinta y nueve, su matrimonio tenía problemas, rara vez estaba en casa, la gran venta se le había escapado y sentía que nunca iba a estar a la altura de la imagen de éxito que había creado en su mente. Para colmo de males, a la mayoría de la gente con la que trabajaba ni siquiera le gustaba estar cerca de él. Daba la impresión de ser arrogante y la mayoría de la gente sentía que no estaba dispuesto a hablar con ellos a menos que pensara que podían serle útiles de alguna manera. Muchos empleados de la empresa ponían los ojos en blanco ante el comportamiento de Matt en el trabajo y lo evitaban siempre que podían. Como su abuelo era el fundador y director general de Turnbow, nadie estaba dispuesto a llamarle la atención ni a hacerle responsable de sus acciones. Y, peor aún, creían que la única razón por la que Matt seguía trabajando en Turnbow era porque era el nieto de Jerry. Matt quería de verdad a su abuelo y siempre se comportaba de la mejor manera posible cuando estaba cerca de él, pero cuando estaba cerca de otros empleados era una persona diferente.

Los compañeros de trabajo de Matt lo veían como un individuo impulsado por su ego que se aprovechaba de los demás y no cumplía sus compromisos. En un reciente evento de trabajo en un bar del pueblo, Matt le dijo a su equipo que pagaría la cuenta. Hacia el final de la noche, anunció que tenía que volver a casa con sus hijos y se fue sin pagarla, y nadie se sorprendió. En cuanto se fue, el equipo aprovechó la oportunidad para quejarse de él y expresar su desprecio mutuo. Siempre tendía a decir una cosa, pero hacer otra. Aunque era competente en su trabajo, su falta de carácter se había filtrado en muchas áreas de su vida. No cumplía con todas las normas y principios en los que se basaba Turnbow.

En el fondo, Matt sabía que las cosas no estaban bien, pero no tenía ni idea de cómo rectificar su situación. Estaba ciego ante sus propios actos y no era consciente del efecto dominó que su falta de integridad estaba teniendo en su equipo de trabajo y en su familia. Todos sabían que algo tenía que cambiar.

CAPÍTULO 2

La empresa del siglo

Desde sus humildes comienzos, Jerry fundó Turnbow Technologies con un conjunto intencionado de principios y valores. No veía a los empleados como un pasivo en la hoja de gastos. Los veía como un activo. No se limitaba a contratar personas, sino que invertía en ellas. Animaba a sus empleados a participar en el proceso de toma de decisiones y descubrió que eso conducía a una mayor participación y compromiso. Cuanto más se preocupaba por su gente, más se preocupaban ellos por su trabajo y por la empresa. Juntos construyeron una cultura, un equipo y una empresa que mejoraría la industria de la aviación y el mundo. A medida que la empresa iba teniendo éxito, Jerry se mantuvo fiel a sus valores y creencias fundamentales y no vaciló, a pesar del gran crecimiento de la empresa.

A medida que Turnbow obtenía más reconocimiento, todos querían trabajar para ellos. Aparecieron en revistas y en la televisión, y prevaleció un tema común: había algo diferente en esa empresa. Jerry y Turnbow querían realmente lo mejor para los demás y no se centraban solo en los resultados. En las primeras etapas de la creación de la empresa, Jerry tuvo que dejar marchar a varias personas con talento —incluso a algunos amigos íntimos— porque carecían de un componente clave que Jerry exigía a todos sus empleados: producir siempre resultados con integridad. Estaba dispuesto a arriesgarse con los empleados o a promocionar a personas si sabía que tenían la integridad y el carácter que se alineaban con los valores de la empresa.

Varias empresas del sector de ventas de la aviación fueron noticia por las piezas de calidad inferior que suministraban a las compañías aéreas y a los distribuidores de productos para la aviación. Esas empresas tomaban atajos, vendían productos de calidad inferior y no realizaban pruebas ni certificaciones para garantizar la aeronavegabilidad de las piezas. Pero Turnbow Technologies no. Jerry no era alguien que persiguiera las oportunidades rápidas para obtener dinero o beneficios personales. Mantenía una visión a largo plazo de hacia dónde se dirigía la empresa, y creía que, si cada empleado hacía lo correcto con los valores e intenciones adecuados, Turnbow crecería exponencialmente con el tiempo. Quería que sus clientes volvieran a Turnbow una y otra vez por su gran servicio e integridad. Y así fue.

Jerry tenía una filosofía sencilla a la hora de incorporar personas a su equipo directivo. Promovía y colaboraba con personas que mostraban una gran actitud, en las que podía confiar para que hicieran bien su trabajo. Jerry era conocido por decir: «Solo controlas dos cosas en esta vida: tu actitud y tu esfuerzo».

En un importante programa de entrevistas de televisión, el presentador le dijo a Jerry:

—Así que ha creado una de las empresas con más éxito de su sector, miles de personas solicitan cada año trabajar para usted y su empresa marca la diferencia en la comunidad y en el mundo. ¿Cuál es el secreto de su éxito?

Jerry explicó:

—Al fin y al cabo, las personas y la integridad son lo primero. Cuando se inicia un negocio, hay que recordar que el carácter es importante. Aunque somos una empresa de tecnología aeronáutica que suministra piezas y productos de alta calidad, en realidad estamos en el negocio de la integridad. —Respiró con confianza—. Cada día, nuestro objetivo es ofrecer resultados con integridad y pasarlo bien sirviendo a los demás. Cuando tienes ese tipo de enfoque diario, y superas las expectativas de aquellos a los que sirves, el éxito llega. La razón por la que nuestra empresa ha tenido éxito durante décadas es que contratamos a grandes personas que realmente aman su trabajo y aman a la gente a la que sirven. Invertimos en nuestros empleados y, a su vez, ellos sirven a nuestros clientes. —El público estalló en aplausos. La imagen pública era buena.

Matt vio la actuación televisiva de Jerry desde su habitación de hotel. Amaba a su abuelo y, de niño, siempre había querido ser como él. Pero a medida que crecía, a menudo olvidaba las lecciones de carácter que le había enseñado. A veces, Matt se distanciaba de su hermano, de su abuelo y de otros miembros de su familia porque se sentía inferior a ellos. Sentía que no estaba a la altura. Tenía el talento natural para ser un gran líder, pero sus valores y su carácter no encajaban en la cultura de la empresa que su abuelo había creado con tanto esfuerzo. Soñaba con tener un papel más importante en Turnbow algún día, pero todo el mundo, incluido su abuelo, sabía que no se podía confiar en él para un papel de liderazgo. Si nadie quería estar cerca de él, ¿cómo podría dirigir a otros e inspirar positivamente a miles de empleados en Turnbow? Matt mantuvo ese sueño enterrado en su interior.

CAPÍTULO 3

El futuro de Turnbow Technologies

Ahora, con ochenta y pocos años, sus amigos y asesores más cercanos le decían que tenía que empezar a pensar en quién le sustituiría como presidente y director general cuando estuviera preparado para jubilarse. Jerry sabía que lo mejor para Turnbow era contar con un plan de sucesión que identificara a un nuevo director general que pudiera dirigir la empresa durante los próximos años. El sector evolucionaba a gran velocidad y era imprescindible tener un liderazgo de vanguardia. Jerry insistió en que tendría paciencia para encontrar a la persona adecuada.

Jerry siempre había esperado que alguien de su familia le sucediera en la dirección del negocio. Su único hijo, Bruce, había sido presentador de noticias en la televisión local durante veintiún años y no tenía ningún deseo de unirse al negocio familiar. Así que solo quedaban sus dos nietos, Luke y Matt. Luke había ganado todo el dinero que podía desear y le encantaba su vida de libertad. No deseaba la vida empresarial y criaba felizmente a sus hijos en Florida.

Así que Matt era su única opción, pero no estaba preparado para ser un líder. A lo largo de los años, Jerry había escuchado muchas historias preocupantes sobre él. Quería a su nieto y quería asegurarse de que tuviera un buen trabajo en Turnbow, pero, por el bien de los empleados y de la empresa en general, Jerry reconocía que Matt no estaba preparado para un papel de liderazgo, y menos para uno tan importante como el de director general.

Jerry reunió a su equipo directivo y formó un comité de búsqueda de su sucesor. Insistió en que la búsqueda podía durar el tiempo necesario para encontrar a la persona adecuada. En primer lugar, el comité decidió examinar a los candidatos externos antes de considerar a los internos. Jerry quería facilitar una transición fluida con el futuro director general. Quería encontrar al líder adecuado con una energía e ideas frescas y vibrantes para hacer avanzar la empresa.

Desde el principio, Jerry fue la cara sonriente de la organización. Fue su liderazgo el que la impulsó a nivel local, nacional e incluso mundial, con su insistencia en un gran servicio al cliente, productos impecables, atención al detalle e integridad. Siempre se centró en hacer pequeñas cosas para que sus empleados y miembros del equipo se sintieran valorados. A menudo enviaba notas personales escritas a mano a los empleados para reconocerlos individualmente y agradecerles su duro trabajo. Jerry recorría los pasillos de la planta de producción para asegurarse de que los trabajadores de primera línea lo estaban haciendo bien, y llamaba personalmente a los clientes para agradecerles su trabajo. Jerry parecía un abuelo para todos por el amor y el cuidado que les mostraba.

A pesar de lo abierto que era y lo disponible que siempre se mostraba, Jerry mantuvo algunos secretos. Estaba pasando por un problema de salud, pero había decidido no decírselo a nadie en Turnbow, salvo a su junta de asesores. Catorce años antes, le habían diagnosticado un cáncer. Después de múltiples rondas de quimioterapia, fue erradicado. Sin embargo, los médicos le comunicaron recientemente que había vuelto a aparecer.

A pesar de esa difícil noticia, la actitud y la perspectiva de vida de Jerry no cambiaron. En la universidad, jugaba al fútbol americano como defensa central. Aunque era encantador fuera del campo, cuando jugaba era un guerrero, y abordaba la vida con ese mismo espíritu. Jerry estaba decidido a que el cáncer no cambiara la forma en que amaba, ayudaba y cuidaba a los demás cada día, por lo que pensó que todo el mundo estaba mejor sin saberlo y sin preocuparse por su salud. Aunque no hablaba de ello abiertamente con los empleados, la gente empezó a notar su declive físico. Sus amigos y familiares de confianza sabían que algún día ya no tendría la capacidad para dirigir, por mucho que fuera difícil imaginar a Turnbow sin él.

CAPÍTULO 4

El estrés en el hogar, el trabajo y la vida

Matt y Kendra se conocieron durante su primer año de universidad. Kendra era animadora en el equipo de fútbol americano y Matt era el base del equipo de baloncesto. Un amigo común los presentó y congeniaron inmediatamente. Mientras salían en la universidad, Matt siempre hablaba de la vida que podrían crear juntos. Era un gran soñador y preveía grandes posibilidades para su futuro. Cuando se proponía algo, trabajaba para conseguirlo sin importar lo que se interpusiera en su camino. A Kendra le encantaba eso de él y supo que era la persona con la que quería pasar el resto de su vida tras su primera cita.

Sin embargo, casi dos décadas después, se encontraron con sueños incumplidos y un matrimonio infeliz. Con el tiempo, Kendra notó cambios graduales en Matt y en la forma en que la trataba a ella y a sus dos hijos, Nick y Kennedy. Desde los primeros días de su matrimonio, Matt le decía a Kendra que la quería nada más entrar por la puerta. Pero ahora, ella no recordaba la última vez que había sucedido. Siempre se había portado muy bien con los niños y jugaba con ellos siempre que estaba en casa. Ahora estaba de mal humor, era menos cariñoso y le costaba seguir el ritmo de los niños, ya que el cansancio del trabajo empeoraba. Llevaba varios años sin tomarse unos días libres de verdad. Cuando Kendra le pidió que se fuera de vacaciones, Matt reveló sus verdaderas prioridades.

—Llevamos hablando sobre ir de vacaciones en familia más de dos años. ¿Cuándo te vas a coger unos días para que podamos disfrutar de un tiempo en familia? —preguntó Kendra.

—Sabes que me encantaría —respondió Matt—. Pero es que estoy realmente cerca de hacer una gran venta. Tal vez cuando las cosas se relajen en el trabajo podemos anotarlo en el calendario. —Kendra puso los ojos en blanco ante otra excusa de Matt. Siempre se le llenaba la boca al hablar: decía que sus prioridades eran primero su fe, después su familia y, por último, su trabajo, pero estaba claro que eso no era cierto. Matt rara vez estaba en casa y su familia parecía más algo añadido que una prioridad. No tenía ni idea del impacto negativo que eso estaba teniendo en su esposa e hijos. A lo largo de los años, uno de los pasatiempos favoritos de Matt había sido jugar a lanzarse la pelota con su hijo Nick. Por supuesto, hacía mucho que no tenía tiempo para conectar con él de esa manera, y de repente, Nick ya era un estudiante de primer año en la escuela secundaria.

Nick estaba emocionado por jugar al béisbol en el instituto y tenía muchas ganas de jugar su primer partido. Había trabajado duro durante todo el verano y las vacaciones de invierno para perfeccionar sus habilidades y estaba listo para demostrar de lo que era capaz. La semana de su gran partido, Matt estaba por casualidad en casa. Nick y él acabaron en el jardín trasero jugando a la pelota. Matt le lanzó la pelota a Nick, este la atrapó y luego bajó la mirada tímidamente.

—¿Estarás en mi primer partido el viernes? —preguntó Nick—. Jugamos contra los Pleasant Plains Cardinals. Son muy buenos.

—¡No me perdería ese partido por nada del mundo! —respondió Matt—. Ya lo tengo apuntado en mi calendario y tengo muchas ganas de verte batear un *home run*. —Aunque Nick estaba nervioso por su primer partido, se alegraba de tener el apoyo de su padre.

Después de la cena, Kendra se inclinó hacia Matt y le dijo:

—Nick me ha dicho que vas a ir a su partido el viernes. —Ella negó con la cabeza, porque ya sabía que iba a responder de manera inadecuada a su siguiente pregunta—. ¿Es verdad?

Matt jugueteaba con su tenedor alrededor de un plato vacío.

—Voy a hacer lo posible por llegar, pero tengo una reunión con un cliente ese mismo día en Toronto.

Kendra levantó la voz.

—¿Por qué le has dicho que no te lo perderías por nada del mundo? Cuenta con que vas a estar allí.

—Prometo que haré todo lo posible por llegar a tiempo —respondió Matt mientras Kendra salía de la cocina.

Llegó el viernes y a Nick casi se le salía el corazón del pecho de la emoción. En el instituto, todos sus amigos estaban nerviosos y emocionados por el primer partido del año. Después del partido, todos los padres de los jugadores iban a organizar una fiesta para dar el pistoletazo de salida a la nueva temporada.

Dos horas antes del partido, Kendra estaba en la cocina terminando de preparar la comida para la celebración cuando recibió una llamada de Matt. Casi podía pronunciar lo que iba a decir mientras lo decía.

—Lo siento mucho. Mi reunión se ha alargado más de lo previsto y se trata de un cliente muy importante. No he podido irme antes.

A Kendra se le hinchó una vena de la frente.

—¡Le prometiste a tu hijo que estarías en su primer partido! Lleva meses hablando de ello. Sabías la fecha.

—Lo sé, lo siento. Mi reunión de hoy era muy importante —dijo Matt.

—¿Más importante que tu hijo? No me digas «lo siento» a mí, díselo a él —Kendra colgó el teléfono.

Cuando Nick se acercó al plato para su primer bateo de la temporada, siguió su rutina. Miró al poste de *foul* izquierdo, donde su familia solía sentarse durante los partidos, y luego se acercó al plato. Al entrar en la caja de bateo, se dio cuenta de que su padre no estaba allí junto al resto de su familia. Se le hundió el corazón. Lo eliminaron en tres lanzamientos seguidos. Volvió al banquillo mirando al suelo y tiró el bate con frustración. Nick terminó yendo 0-4 en el partido sin un solo *hit*. Su equipo perdió 8-2.

En la fiesta posterior al partido, Nick no dijo mucho. Le sonó el teléfono y lo sacó del bolsillo. Era su padre. Ignoró la llamada, puso el teléfono en silencio y lo guardó en su bolsa de deporte.

En el coche de camino a casa, Kendra le dijo a Nick:

—Cariño, siento cómo ha ido el partido, y sé que tu padre quería estar ahí para verte.

Intentando combatir las lágrimas, Nick respondió:

—No quería estar ahí lo suficiente. Nunca viene a nada. Ya ni siquiera me importa.

Matt voló de vuelta a casa a última hora de la noche y llegó a las dos de la madrugada. Pensaba en todas las preguntas que quería hacerle a Nick sobre el partido, ya que creía que su hijo entendería por qué no había podido estar ahí. Mientras se quitaba los zapatos, despertó a Kendra. Ella se levantó de golpe como si no hubiera estado dormida.

—¿Por qué no puedes tener al menos la decencia de avisar a tu hijo cuando te vas a perder su partido? Le dijiste que irías y él confió en ti. Todos los padres estaban allí. Todos excepto tú. ¿Por qué te importa tanto el dinero? —preguntó Kendra.

—Mira, gracias a mis grandes ingresos tienes la flexibilidad de poder quedarte en casa y criar a los niños, ¡pensaba que eso era lo que querías! —Matt se quitó el zapato del otro pie.

—No pensaba criar a nuestros hijos sola. —Suspiró—. No estás presente en la vida de los niños. Necesito que nos mantengas más que económicamente. Necesito que estés ahí para nuestra familia. —Se le formó un nudo en la garganta—. Si seguimos viviendo así, un día te despertarás y te darás cuenta de que han crecido y se han ido y te arrepentirás de haberte perdido esos momentos importantes. Y te preguntarás por qué no quieren saber nada de ti.

Matt se quedó perplejo, confundido, mientras Kendra continuaba hablando.

—Tienes que evaluar seriamente la persona en la que te has convertido, porque no eres la persona con la que me casé. —Kendra sacudió la cabeza mientras las lágrimas le corrían por las mejillas—. Esto no es lo que quería. No podemos seguir con esto, Matt. Tienes que despertar y las cosas tienen que cambiar. Si no es así, ¡se acabó! Pediré el divorcio.

Kendra salió furiosa de la habitación. Matt se tragó la palabra «divorcio». Estaba aturdido. En su mente, él estaba proveyendo económicamente mejor que la mayoría de los otros padres que conocía. Había meses en los que llevaba a casa más dinero que la mayoría de la gente en un año. Aunque las grandes pagas mensuales le enorgullecían, también le encadenaban a su trabajo. La mayor parte de la presión que sufría en el trabajo era autoinfligida; quería ser el mejor en su trabajo y ganar el máximo dinero posible. Para conseguirlo, trabajaba hasta tarde y hacía ventas extra para lograr sus objetivos. Pero, en el fondo, era el hecho de sentirse insuficiente lo que le impulsaba a trabajar más y durante más tiempo para salir adelante a toda costa. Pensaba que estaba haciendo todo lo posible para mantener a su familia. En todo caso, pensaba que Kendra debería estar más agradecida por el trabajo que estaba haciendo como proveedor de su familia. No quería perderse los partidos de béisbol de su hijo. Creía que era él quien hacía la mayoría de los sacrificios en el matrimonio.

Matt se metió en la cama y, poco después, Kendra se unió a él. Intentó acariciarle la espalda, pero ella le apartó la mano. No se dijeron ni una palabra más mientras se quedaban dormidos.

CAPÍTULO 5

Vacaciones obligatorias

Jerry entró abruptamente en el despacho de Matt.

—Las cosas tienen que cambiar —exigió.

Matt retrocedió en su silla. Hacía años que no oía a su abuelo levantar la voz.

Jerry agitó la mano en la cara de Matt.

—No puedes seguir viviendo así. Tienes que tomarte un tiempo libre en el trabajo para poder centrarte en tu familia.

Matt se enderezó en su asiento y revolvió algunos papeles.

—¿Por qué lo dices? Estoy teniendo uno de mis mejores trimestres y estoy a punto de hacer una gran venta.

Jerry negó con la cabeza.

—Te perdiste el primer partido de Nick de la temporada después de prometerle que estarías allí. El trabajo es importante, pero no a costa de tu familia. No sabía cómo explicarle a Kendra que no estabas allí porque estabas trabajando para mi empresa. Tu hijo te necesita y tu familia también. No puedes trabajar las veinticuatro horas del día.

Matt mordió el dorso de un bolígrafo. La gente no suele ser tan directa con él, pero su abuelo no tenía reparos en decirle la verdad.

—Si no cambias —continuó Jerry—, dejarás de trabajar en este puesto. —Miró fijamente a Matt—. No puedo sentarme y ver cómo mi nieto pone su trabajo por encima de su familia en mi propia empresa. ¿Cómo voy a dormir por las noches con eso rondando mi cabeza?

Matt volvió a dejar el bolígrafo sobre el escritorio.

—Espera… ¿me estás amenazando con despedirme?

Jerry respiró profundamente.

—No. Solo quiero que des un paso atrás y te tomes un tiempo de descanso. Necesitas volver a lo que realmente importa. Será mejor para ti, para tu familia y para nuestra empresa. Tómate una semana libre. Te enviaré a ti y a tu familia a California.

—No puedo tomarme tanto tiempo libre durante esta temporada tan ajetreada. Además, Nick no puede faltar una semana durante la temporada de béisbol.

Jerry le interrumpió.

—He hablado con el entrenador de Nick y le he explicado la situación. Nick solo se perderá un partido, y tu matrimonio y tu familia merecen la pena. Así que no te preocupes por eso. Mira, cuando creé esta empresa, trabajaba muchas horas y esperaba que mis empleados trabajaran más porque quería que la compañía tuviera éxito. No tenía límites sanos y esas acciones pasaron factura a mi vida personal. —Matt asintió, pero no estaba convencido. Jerry continuó—: Me recuerdas mucho a mí mismo cuando tenía tu edad. Tenía tantas ganas de triunfar que no creé límites saludables en mi vida laboral. No quiero lo mismo para ti. Como fundador de esta empresa, quiero que mis empleados tengan un estilo de vida y unos límites saludables en torno al trabajo. Y en especial lo quiero para mi propio nieto.

Tras una larga pausa, Matt intentó pensar en una razón para explicar por qué había estado tan ausente de su familia, pero respetaba demasiado a su abuelo como para poner excusas baratas e ignorar su propio comportamiento.

—¿Realmente es tan obvio? —preguntó Matt.

—Sí, lo es. Quiero que tengas éxito en tu trabajo, pero no a costa de tu propia familia. —Jerry frunció el ceño con preocupación—. Sé que te gusta tu trabajo y que eres bueno en él, pero tienes que reducirlo. Hay más cosas en la vida que ganar dinero y tener éxito en el trabajo.

—Pero es que...

Jerry volvió a hablar por encima de él.

—Escúchame. Tienes que tomarte un descanso para poder pasar un tiempo con Kendra y los niños. Ya le he pedido a mi asistente que organice el viaje para que no tengas que preocuparte de buscar vuelos u hoteles. Le enviaré un correo electrónico a tu vicepresidente para asegurarnos de que cubrirá a tus clientes para que no vuelvas con una sobrecarga de trabajo. —Jerry dio un paso hacia Matt y movió el dedo en una forma de «yo sé más que tú porque soy tu abuelo»—. No te estoy preguntando si quieres hacerlo; te estoy obligando a que lo hagas. Tienes que estar con tu familia. Ahora mismo te necesitan.

Matt relajó el rostro y respiró profundamente.

—Muy bien, iré. A Kendra le hará mucha ilusión. Llevamos mucho tiempo hablando de unas vacaciones. Mi intención es buena porque intento equilibrar el trabajo y la familia, pero parece que nunca puedo hacerlo bien.

—Genial. Disfruta de California.

Cuando Matt llegó a casa aquella noche, le contó a Kendra lo de las vacaciones. «¡Alabado sea el Señor!», exclamó Kendra. Al día siguiente, empezaron a hacer las maletas y Matt pensó con inquietud en todas las reuniones que se iba a perder. Odiaba la idea de faltar al trabajo, pero no le quedaba otra opción. Además, su familia lo necesitaba y lo último que quería era un divorcio.

CAPÍTULO 6

Un encuentro casual

Matt cargó sus pertenencias en el coche con la esperanza de tener un viaje memorable. El entusiasmo se apoderó de él en cuanto arrancó el coche y se dirigió al aeropuerto. La verdad es que tenía muchas ganas de divertirse y relajarse. Kendra no podía ocultar su sonrisa y los niños bromeaban en el asiento trasero. Matt era un profesional a la hora de moverse por los aeropuertos, así que esa parte del viaje iba a ser muy fácil.

Después de un primer tramo sin problemas, se sentaron en la puerta de embarque esperando su vuelo de conexión al sur de California. Matt vio una notificación en su teléfono de que su vuelo de conexión se había retrasado debido a las condiciones meteorológicas. El avión no saldría hasta dentro de dos horas, así que se fue a buscar comida para los niños. Siempre que pasaba por el aeropuerto, comía en Dillon's Pizza. Tenían la mejor pizza que había comido nunca, y le hacía ilusión que su familia la disfrutara.

Normalmente, Matt no entablaba conversación en los aeropuertos. No le gustaba que le molestaran. Siempre estaba preocupado pensando en su próximo destino y en los asuntos que atendería allí. Pero ese día era diferente.

Un empleado de Dillon's le tocó el hombro.

—¡Oiga, señor! Creo que ha olvidado algo. —Matt se giró para ver a un hombre alto que sostenía su teléfono.

—¡Vaya, me ha salvado la vida! Se lo agradezco —respondió Matt mientras lo cogía.

—Claro, hombre, de nada. ¿Viaja a menudo por este aeropuerto?

—Sí, suelo pasar por aquí varias veces al mes por motivos de trabajo. Es un aeropuerto enorme. ¿Cuánto tiempo lleva trabajando aquí? —preguntó Matt tratando de hacer avanzar la conversación.

—Llevo trabajando aquí unos quince años. Pero tal y como yo lo veo, ¡no he trabajado ni un día en mi vida! —Extendió la mano—. Soy Randy.

Matt levantó su mano para juntarla con la de Randy y compartieron un fuerte apretón de manos.

—Matt. Encantado de conocerlo. —Volvió a dejar la mano a su lado y entrecerró los ojos—. ¿Qué quiere decir con que nunca ha trabajado un día en su vida?

Randy soltó una carcajada confiada:

—Cuando realmente amas lo que haces, no es un trabajo. Es una vocación. Sé que me pusieron en esta tierra por esta misma razón.

—¿Para limpiar las mesas de Dillon's Pizza? —preguntó Matt y se sintió mal al decirlo.

Randy sonrió:

—Para conocer a gente como usted cada día. —Randy miró a Matt de arriba abajo—. Hago mi trabajo con un propósito porque me da vida. La mayoría de la gente de mi edad ya se ha jubilado, pero me parece que los que no tienen un propósito no tienen una verdadera razón para vivir. —Randy se rascó su bien cuidada barba gris—. Mi equipo hace lo que puede para atender a cada viajero que pasa por este aeropuerto cada día. Sabemos que los pequeños detalles marcan una gran diferencia y nuestro objetivo es ayudarles a tener una gran experiencia mientras viajan, ¡sabemos que puede ser estresante!

La respuesta de Randy impresionó a Matt.

—Es increíble. Ojalá tuviera esta visión tan positiva sobre mi trabajo —respondió.

—¿Por qué no la tiene? La vida es demasiado corta para hacer algo que no le gusta. No siempre me ha gustado lo que hago todos los días. Pero con el tiempo he conseguido que me acabe gustando.

La pregunta directa de Randy pilló a Matt desprevenido. Dudó, y después se fue por las ramas.

—Bueno, trabajo en una gran empresa, pero no siento que marque la diferencia. Sé que he hecho más enemigos que amigos en el trabajo. Y me llevo mucho de mi estrés laboral a casa. Así que las cosas también son bastante estresantes allí. —Matt no se podía creer que acabara de revelar tanto sobre su vida a un completo desconocido.

Randy asintió.

—Me lo imaginaba. Pero también sé que tiene más potencial del que puede imaginar. —Randy sacó una tarjeta de visita y se la entregó a Matt.

Sin saber por qué un empleado que limpiaba mesas tenía una tarjeta de visita, Matt la cogió y la guardó en su cartera.

—Podríamos comer algo juntos la próxima vez que pase por este aeropuerto. Haré que mi equipo le prepare una de nuestras pizzas especiales. ¿Qué tal si me llama la próxima vez que tenga que pasar por aquí? —dijo Randy.

—Claro —respondió Matt, pero estaba seguro de que no volvería a ver a Randy nunca más.

CAPÍTULO 7

El viaje

Matt y su familia llegaron por fin a California. Los niños estaban muy contentos. Nick parecía haber perdonado a Matt por haberse perdido el partido y la conversación entre ellos fluía con facilidad. En cuanto se registraron en el hotel, se pusieron los trajes de baño y se fueron directamente a la playa. Lo primero que hizo Matt fue contratar a un instructor de surf para que Nick aprendiera a surfear como siempre había querido, y Kennedy pasó un par de horas haciendo una escultura de arena de casi dos metros con Kendra. Después de un día completo en la playa, disfrutaron de una elegante cena con vistas al mar. Por una vez, toda la familia estaba unida en la mesa, sin distracciones, simplemente cenando todos juntos. Matt incluso dejó su teléfono en la habitación del hotel, ante la insistencia de Kendra.

Fue una experiencia mágica. Se olvidaron de sus problemas y peleas. Con toda la locura y el ajetreo de la familia, se habían alejado, y las vacaciones eran exactamente lo que necesitaban para volver a conectar. Matt pudo por fin relajarse y pasar tiempo de calidad con su mujer y sus hijos. Kendra vio al hombre con el que se casó.

Alejarse de la oficina era precisamente lo que Matt necesitaba. Después de unos días, ya podía sentir que el estrés abandonaba su cuerpo y se sentía tranquilo por primera vez en mucho tiempo. Sabía que debería haber planeado unas vacaciones como estas mucho antes. Siempre hablaba de ello y esperaba que sucediera, pero nunca llegaba a hacerlo. Toda la familia estaba entusiasmada a pesar del enfrentamiento entre ellos durante las últimas semanas.

Los días pasaron volando. El penúltimo día, los cuatro dieron un paseo descalzos por la playa. Mientras las olas de la marea baja golpeaban la orilla, Kendra le dijo a Matt:

—Te quiero, Matt, pero ojalá no hicieran falta unas vacaciones familiares para recuperarte.

—¿Qué quieres decir? —preguntó Matt.

—Bueno, esta ha sido una gran semana y siento que has estado muy presente emocionalmente conmigo y con los niños. —Kennedy y Nick escuchaban lo que decía su madre—. Pero estoy nerviosa por lo que vaya a pasar cuando volvamos a casa.

Kennedy corrió y abrazó a su padre.

—Echo de menos verte, papá.

Matt se dirigió a su familia.

—Siento haberos defraudado y no haber estado ahí para vosotros. Quiero ser un padre totalmente presente, no solo un padre que gana dinero. He estado ausente últimamente y quiero hacer las cosas bien. Quiero mejorar.

Kendra agradeció a Matt sus disculpas, pero en el fondo seguía siendo escéptica. No lo creería hasta que lo viera. Matt ya había dicho ese tipo de cosas antes.

Por fin llegó la hora de partir. La familia metió sus cosas en el coche de alquiler y se dirigió al aeropuerto. En el aeropuerto de conexión sufrieron otro retraso en el vuelo, esa vez debido a un problema mecánico. Matt estaba molesto pensando en todo lo que tenía que hacer para prepararse para el trabajo cuando llegara a casa, pero sabía que no podían hacer nada. Mientras la familia se acomodaba en los asientos cercanos a la puerta de embarque, Matt se alejó para hacer una llamada de trabajo cuando alguien le tocó en el hombro.

—¡Me alegro de verlo, Matt! —Matt se giró para ver al tipo que limpiaba las mesas en Dillon's—. ¿Cómo han ido sus vacaciones?

—Muy bien, gracias. Muy necesarias. Mi familia y yo lo disfrutamos mucho. —Matt se devanó los sesos para recordar el nombre del tipo.

—Es genial escuchar eso. Me alegro de que haya podido pasar un buen rato con su familia.

—Sí, todos lo hemos disfrutado. Hemos recargado las pilas —dijo Matt.

—Eso es genial —volvió a decir el limpiador de mesas, mientras Matt veía que ponía «Randy» en la etiqueta de su camisa.

—Voy a coger un vuelo desde aquí otra vez el jueves. ¿Nos vemos entonces? —Matt se oyó a sí mismo decirlo, pero no se creía lo que oía. ¿Acababa de pedirle a ese limpiador de mesas de Dillon's que se reunieran?

Randy consultó el calendario de su teléfono.

—Me parece bien. Llámeme cuando aterrice y me aseguraré de que tengan una pizza especial en el horno para usted. —Randy sonrió.

—Estoy deseando hacerlo. —Matt le devolvió la sonrisa mientras se preguntaba cómo estaba ocurriendo todo eso.

Aunque estaba cansado a causa del viaje, no pudo evitar percibir la energía de Randy. Sintió una auténtica sinceridad y conexión con él, a pesar de que acababan de conocerse. Se despidieron y Matt se reunió con su familia para esperar el despegue de su vuelo.

Al volver a casa, no paraban de contar historias y de reírse de los momentos divertidos que habían vivido en las vacaciones. Matt cocinó unos filetes en la parrilla y todos ellos vieron una película juntos y después jugaron a juegos de mesa. Kendra se sintió muy repuesta después del viaje y se alegró de que Matt volviera a parecer él mismo. Había una conexión que no habían experimentado en mucho tiempo. Kendra tenía esperanzas, pero estaba asustada por lo que pudiera pasar cuando Matt volviera al trabajo.

CAPÍTULO 8

La gran noticia

A la mañana siguiente, Matt regresó al trabajo muy temprano. Una cosa estaba clara: su vicepresidente de ventas, Tony, seguía siendo el mismo tipo irritante que cuando Matt se fue. Tony había sido su jefe durante varios años y sabía mucho sobre la industria de la aviación. Se enorgullecía de su experiencia en el sector y le recordaba regularmente a Matt todos los aspectos en los que le faltaba experiencia y en los que podía mejorar. Le costaba conectar con Tony y su relación laboral era tensa.

—Cierra la puerta detrás de ti. Tengo grandes noticias —anunció Tony. Mientras, Matt siguió las instrucciones y se sentó. Se fijó en la cara afeitada y presumida de Tony—. No te lo vas a creer. Mientras estabas fuera, uno de tus mayores clientes, Aerolíneas Thrive, se puso en contacto con nosotros.

—¡¿Qué?! —respondió Matt, casi cayéndose de su asiento.

—Querían hacer un seguimiento contigo de los motores. Quieren venir en dos semanas para ver los motores en persona. —A Matt le dio un vuelco al corazón. Los motores aún no estaban listos para salir al mercado.

—Es una gran noticia… —Matt suspiró—. Pero todavía no hemos recibido el visto bueno para esos motores. Mejor les decimos que se ahorren el tiempo, porque no pueden adquirirlos sin que se haya superado la prueba.

Tony esbozó una amplia sonrisa.

—Todavía no te he dado la gran noticia. —Hizo una pausa para conseguir un efecto dramático, miró a Matt y cambió el tono de su voz—. Digamos que… Conozco a algunas personas en la oficina de inspección. He hecho unas cuantas llamadas y ya está todo listo.

—Espera, ¿qué? ¿Así que están listos? —preguntó—. ¡No me puedo creer que todo esto haya pasado mientras yo no estaba!

—Bueno, no están necesariamente listos para salir al mercado, pero ahora los informes de inspección *dicen* que están listos. —Tony le guiñó un ojo.

Los labios de Matt formaron una línea recta y sus cejas se inclinaron hacia abajo.

—Espera… ¿los motores no han pasado la inspección, pero hemos recibido un certificado que dice que la han pasado?

—¡Sí, señor! —Tony respondió con firmeza—. Ahora podemos venderlos.

—Vaya —respondió Matt, sin saber muy bien qué decir.

—¿Eso es todo lo que tienes que decir? ¿«Vaya»? Esta venta podría cambiarnos la vida a ti, a mí y a toda la empresa. Si Aerolíneas Thrive compra nuestros motores para su flota, ¡será la mayor venta de la historia de la empresa! —Matt ya conocía las implicaciones de esa venta. Aportaría a Turnbow unos setenta y dos millones de dólares en ingresos, y él mismo obtendría una comisión bruta de siete millones de dólares. Ese tipo de oportunidad de venta suele darse solo una vez en la vida. La mente de Matt iba a mil por hora. Esa sería su gran oportunidad. Podría escapar del ajetreo cotidiano. Podría pasar más tiempo con su familia. Por fin estaría a la altura de su hermano. Pensó en lo orgulloso que estaría Jerry. Pero también se preguntó qué pasaría si descubría que habían aceptado vender los motores a un cliente sabiendo que no se había seguido el protocolo completo.

—Seguro que a mi propio abuelo no le molestaría tanto. Quiero decir, estaría aportando setenta y dos millones de dólares a la empresa. No se enfadaría conmigo, ¿verdad?

Tony negó con la cabeza.

—Por supuesto que no. Jerry es un tipo increíble, uno de los mejores que hay, pero, al fin y al cabo, es un hombre de negocios como tú y yo. No querría que dejáramos pasar una oportunidad tan buena como esta.

Matt había pasado toda su carrera profesional tratando de posicionarse para hacer una venta de esa magnitud. Aerolíneas Thrive estaba entusiasmada con la compra de los motores porque supondría una importante eficiencia de combustible para sus aviones. La empresa era una de las principales del sector aéreo y los nuevos motores que Turnbow había creado eran de vanguardia. Sin embargo, no se sentía bien al tomar una decisión tan importante sin el consejo de su abuelo. Matt sabía que Jerry era uno de los hombres más sinceros y honorables que había conocido. Si se lo contaba, Jerry podría decirle que esperara hasta que obtuvieran el resultado de la prueba y Matt podría perder el trato. Si no se lo contaba, siempre podría seguir adelante con la venta y pedirle perdón más tarde.

Matt pensó en su agenda de viajes y en el tiempo que podría pasar con su familia si pudiera ganar más dinero. Un cheque de comisiones de siete millones de dólares cambiaría el mundo de Matt y le permitiría jubilarse anticipadamente como su hermano. Con todo ese dinero, no tendría que rendir cuentas a su jefe controlador por cada decisión que tomara. Podría hacer lo que quisiera, invertir su dinero, vivir de los intereses y ser asesor en su tiempo libre.

—Tienes que empezar a prepararte para Aerolíneas Thrive —comentó Tony—. Estarán aquí en dos semanas y tenemos que dar un gran espectáculo. La información que he compartido contigo no puede salir de esta habitación. ¿Entendido?

—Entendido.

Cuando Matt abrió la puerta para salir, Tony gritó:

—¡Que tengáis una buena noche, bolsas de dinero! —Matt salió casi bailando de la habitación, pues sabía que estaba a punto de tener la vida resuelta.

CAPÍTULO 9

Las cuatro leyes

Aunque Matt quería ser rico, una molesta voz en el fondo de su mente le decía que hacer la venta de esta manera era un error. Cada mañana durante los días previos a la reunión con Aerolíneas Thrive, oscilaba entre tener ganas y estar estresado. A menudo luchaba contra la ansiedad, pero lo que estaba sintiendo esa vez era un tipo diferente de ansiedad, y no había conseguido sentirse del todo bien desde la reunión con Tony.

Kendra notó el cambio. Durante un desayuno, le preguntó:

—¿Qué te pasa? Acabamos de volver de unas vacaciones increíbles en California.

—Estoy un poco estresado en el trabajo, nada más —respondió Matt.

Después de un intercambio de palabras que no llegó a nada, Kendra le sugirió a Matt que visitara un médico, y él decidió seguir su consejo.

Tras un examen rutinario, el médico le explicó a Matt que estaba luchando contra la ansiedad y que mostraba signos de agotamiento. Kendra pensó que era extraño que Matt tuviera esos sentimientos tan rápido después de las vacaciones, pero no tenía ni idea de la posible venta que estaba ocupando su mente. El médico le recetó benzodiacepinas para la ansiedad generalizada. Sin embargo, como Matt solía intentar tomar la menor cantidad posible de medicamentos, nunca pasaba a recogerlos.

Era jueves y Matt volvía a casa después de una reunión. Llegó a su vuelo de conexión antes de lo previsto. Esperó en la librería, hojeando unas cuantas revistas de negocios mientras se preguntaba por qué se iba a reunir con un empleado cualquiera de Dillon's cuando podría estar haciendo cosas más importantes como preparar su gran reunión. Sin embargo, sabía que no podía rechazar unas porciones de Dillon's. Matt se preguntaba si Randy tenía siquiera experiencia en los negocios. En cualquier caso, había dicho que se reuniría con él, así que se sintió obligado a cumplir su palabra. No quería que otra persona más pensara que era un mal tipo.

A las dos de la tarde, Matt se dirigió a Dillon's. Desde la distancia pudo ver a Randy hablando con alguien. Matt reconoció a esa persona. Era Bill Troberski, presidente de la empresa nacional de venta al por menor Vescoo. No conocía a Bill personalmente, pero había leído varios artículos de *Forbes* sobre él y la empresa multimillonaria que había construido. Se sorprendió al verlo en persona y aún más al verlo hablando con Randy, como si fueran grandes amigos.

Cuando terminaron de hablar, Matt se acercó a Randy, que se levantó para estrecharle la mano.

—¿Ese era Bill Troberski? —preguntó Matt.

—¡Por supuesto que sí! —respondió Randy con orgullo.

—¿El mismo Bill Troberski que creó una empresa desde su garaje y que ahora es uno de los principales minoristas del país?

—Sí. Bill y yo nos hemos reunido una vez al mes durante los últimos quince años, aquí mismo en Dillon's. Le aconsejo y le ayudo a aplicar las cuatro leyes —explicó Randy.

—Espere... eso es imposible. ¿Cómo tiene tiempo para eso?

—Encuentra el tiempo. Siempre está pendiente de ello —respondió Randy, claramente disfrutando de la confusión de Matt—. La secretaria de Bill se asegura de que pase por este aeropuerto al menos una vez al mes para poder reunirse conmigo.

Un camarero dejó una pizza de Dillon's delante de Matt y Randy. Randy le dio las gracias y le ofreció a Matt la primera porción, poniéndola en su plato.

Matt entrecerró los ojos para mirar a Randy. Aunque estaba mirando al hombre que tenía delante, seguía sin creérselo. «¿Qué podría aprender Bill Troberski de este tipo?», pensó.

Randy continuó:

—En las primeras etapas de su carrera, Bill solo se centraba en sí mismo y dirigía sus negocios de forma muy egoísta. No fue hasta que sus dos primeros negocios fracasaron cuando tocó fondo y empezó a considerar la vida que realmente quería vivir.

—¡¿Dos?!

—Sí. Lo conocí justo después de que su segundo negocio fracasara. Le ayudé a superar esos retos y pusimos en práctica las cuatro leyes. Ahora las utiliza como pilares de su empresa —respondió Randy.

—Así que, entonces, ¿asesora al famoso presidente de una empresa que está en la lista Fortune 500? —preguntó Matt mientras daba un mordisco a la suave masa de queso.

—¡Supongo que sí! —Randy se rio y se le arrugó la cara.

—Vale —dijo Matt mientras tragaba—. Entonces, ¿cuáles son las cuatro leyes?

—Lo sabrá muy pronto —respondió Randy, disfrutando de ese nuevo respeto que sentía por él. Randy cogió uno de los trozos de pizza.

—¿Cómo puedo aprender sobre estos principios? —preguntó Matt.

—Yo le enseñaré. Pero como le digo a todos con los que me reúno, no todo el mundo decide ponerlos en práctica. Se los he enseñado a mucha gente de la que nunca he vuelto a saber nada. —Matt se revolvió en su silla. Todavía no estaba seguro de si debía tomar a ese hombre en serio—. Son fáciles de entender, pero difíciles de poner en práctica. Obligan a cualquiera a analizar sus comportamientos y a ser honesto con uno mismo. Puede resultar un proceso aterrador para algunas personas.

Después de todo, tal vez Randy no fuera solo un limpiador de mesas.

—La mayoría de la gente culpa a los demás de sus circunstancias —continuó—. Creen que el motivo de su fracaso es el gobierno, su educación, su raza, su formación o cualquier otro factor externo. La verdad es que los mejores líderes no dirigen de fuera hacia dentro, sino de dentro hacia fuera. Las personas que culpan a los demás nunca alcanzan su pleno potencial. Yo intento ayudar a las personas a desarrollar todo su potencial. Después de muchos años ayudando a la gente con esto, está claro que solo cuando asumen la plena responsabilidad de sus vidas, incluidas sus acciones, relaciones e integridad personal, empiezan a ver cómo se produce el cambio.

—¡Vaya, lo que hace suena increíble! —Matt apenas se podía creer que esas palabras acabaran de salir de su boca. Extendió la mano para tomar otra porción de pizza, pero su teléfono empezó a sonar. Era Tony. Se excusó y atendió la llamada.

—Necesito que vuelvas a la oficina central para prepararte para la reunión con Aerolíneas Thrive. Acabo de reservarte un vuelo que sale en veinte minutos en lugar del que tenías en dos horas. ¿Te da tiempo a cogerlo?

—Lo intentaré. Puede que tenga que correr hasta la puerta —dijo Matt.

—Bien. Nos vemos pronto. De todas formas, ¿por qué demonios tenías un vuelo que salía tan tarde? —preguntó Tony mientras Matt colgaba el teléfono.

Matt volvió a acercarse a Randy. Odiaba tener que decirle que se tenía que ir.

—Oiga, lo siento mucho, pero mi jefe me acaba de llamar y tengo que coger un vuelo en unos minutos.

—Un segundo —le pidió Randy. Corrió a la cocina y volvió con una caja para que Matt se llevara la pizza restante—. Tome.

Matt cogió la caja.

—Gracias. Casualmente, vuelvo el próximo jueves a la hora de comer. ¿Quiere que comamos juntos entonces?

Randy sonrió.

—Sí, nos vemos entonces. Traiga un cuaderno.

Matt tuvo que correr por el aeropuerto y llegó a su puerta justo a tiempo.

—Es su día de suerte, cielo. Ha llegado justo treinta segundos antes de cerrar —le dijo la agente de embarque a Matt.

Matt llegó a la sede de Turnbow a tiempo para una reunión de última hora con Tony. Al salir, se sintió frustrado porque lo había dejado todo para estar allí. La reunión consistió principalmente en que Tony presumiera de lo bien que le iba y de la cantidad de dinero que iba a ganar. Matt lo vio como un ejemplo más de su estilo controlador de gestión. No había forma de que siguiera trabajando para ese tipo mucho más tiempo.

CAPÍTULO 10

Ley n.º 1: La integridad genera confianza

A la semana siguiente, Matt aterrizó en el aeropuerto y se dirigió directamente a Dillon's. Vio a Randy sentado en una mesa esperándolo.

—Gracias por cambiar su turno para coincidir con mi vuelo —comentó Matt—. Siento mucho haber tenido que irme antes de nuestra reunión de la semana pasada. Mi jefe a veces es bastante exigente.

—No se preocupe —respondió Randy con una sonrisa. Mientras hablaba, uno de los empleados trajo una pizza especial de masa gruesa. Los ojos de Matt se agrandaron.

—¡Me gustó mucho la última! Qué ganas de comer otra.

Mientras empezaban a comer, Matt le preguntó a Randy:

—La semana pasada habló de las leyes que enseña a la gente en los negocios. Quiero aprender más sobre eso.

Randy respondió:

—Vamos a ello. Estoy listo para compartirlas. Pero tiene que saber que no se trata solo de negocios. Tienen que ver con quién es como persona.

Matt sacó el bolígrafo y el papel de su bolsa. Anotó las palabras que salían con tanta facilidad de la boca de Randy, aunque a él le parecieran un galimatías.

—La integridad crea congruencia y la congruencia genera confianza. Sin esta primera ley, nunca tendrá éxito en ninguna empresa porque la gente no confiará en usted. ¿A qué tipo de negocio se dedica? —preguntó Randy.

—Soy representante de ventas de aviación. Vendo piezas y motores para aviones —respondió Matt.

Randy negó con la cabeza.

—No. Usted no está en ese negocio. —Matt miró la media pizza que quedaba. Se sintió como si acabara de suspender un examen—. Se lo preguntaré de nuevo —continuó Randy—. ¿A qué negocio se dedica?

Matt trató de enmarcar su siguiente respuesta de forma un poco diferente.

—Me dedico a las ventas de aviación. Sé que probablemente nunca haya oído hablar de ella, pero trabajo para una empresa que fundó mi abuelo. Se llama Turnbow Technologies. Somos una empresa enorme, con más de cinco mil empleados.

Randy interrumpió:

—No lo entiende. No está en ventas ni en ventas de aviación… Está en el negocio de las personas. —A Matt no le gustó que Randy le dijera en qué negocio estaba. Antes de que pudiera protestar, Randy continuó—: Como representante de ventas, proporciona a la gente lo que quiere y eso proporciona a su empresa los ingresos que necesita para existir. No piense más en sí mismo como un representante de ventas; piense en usted como un «representante de personas». Todos los días, con una actitud positiva, entrega a las personas lo que necesitan y quieren y lo hace de la manera correcta. Lo hace como un asesor de confianza. No vende a la gente cosas que no quiere. Les aconseja y les ayuda a comprar lo que sí quieren. Vender no genera confianza: el asesoramiento genera confianza. Y, cuando dice que va a hacer algo, lo hace. Cuanto más cumpla sus promesas, más confianza generará en los demás. La integridad funciona así. Cuando la gente ve que sus acciones y sus palabras se alinean, ven el comportamiento congruente en su vida y, por naturaleza, quieren seguirlo.

—De acuerdo —dijo Matt mientras escribía «representante de personas» en su cuaderno, pero todavía no estaba del todo de acuerdo con él.

—¿Ha estado alguna vez cerca de alguien que dice una cosa y luego hace otra?

—Obviamente. —Matt puso los ojos en blanco—. Mi jefe es terrible. Cambia constantemente nuestra estructura de comisiones y nunca cumple nada de lo que promete.

—Parece bastante fácil para usted señalar a alguien que no es congruente —dijo Randy.

—Se me ocurrirían muchos más ejemplos si tuviera más tiempo. ¿Cuál es la siguiente ley? —preguntó Matt.

—No se acelere —respondió Randy—. ¿Y usted?

—¿Qué quiere decir? —Matt se incorporó.

—¿Diría la gente que es congruente? ¿Dirían que sus palabras y sus acciones están alineadas?

—Sí, soy una buena persona —argumentó Matt.

—No le he preguntado eso. Quiero saber si lo que dice y lo que hace coincide.

Matt se sentó en silencio y se echó hacia atrás en su silla. Se llevó los dedos a la barbilla durante unos diez segundos. Randy asintió en señal de ánimo y luego Matt rompió el silencio.

—Probablemente no. Bueno, eh… definitivamente no.

—¿Por qué dice eso? —cuestionó Randy.

—Bueno, si le soy sincero, mi vida familiar es un desastre ahora mismo. Entre usted y yo, mi esposa ha mencionado que no será capaz de permanecer en nuestro matrimonio si las cosas no cambian.

—¿Cosas como qué? —preguntó Randy.

—Bueno… —Matt empezó a decir mientras se le hinchaban las mejillas—. Dice que no soy la misma persona con la que se casó hace quince años. Me duele pensar eso. Pero no tengo ni idea de qué hacer.

—¿Está de acuerdo con su mujer? ¿Es la persona con la que se casó hace quince años?

—Lo más probable es que no —respondió Matt con voz monótona—. Es que tengo mil cosas que hacer estos días y no puedo sacar tiempo para todo. Le dije a mi hijo que iba a estar en su primer partido de béisbol y me lo perdí. Supongo que una persona íntegra habría estado allí.

—Tiene razón —comentó Randy.

—Mi abuelo creó una empresa multimillonaria, mi hermano mayor se graduó en Harvard y vendió su negocio nada más salir de la universidad y puede viajar por el mundo sin preocupaciones económicas, y todo el mundo en el trabajo piensa que solo tengo mi puesto porque mi abuelo es el director general de la empresa. —Matt apretó los puños—. Sé que la gente habla a mis espaldas y que piensan que no merezco estar en este puesto. Hace unos meses, alguien me reenvió accidentalmente un correo electrónico en el que decía que nunca podría confiar en mí y que era un imbécil. Me enfadé y me volví loco con ellos, pero, en el fondo, tampoco podía culparlos. —Tomó una larga respiración y exhaló despacio—. Mi carrera y mi vida no van como había planeado.

Randy parpadeó y asintió. Miró por las grandes ventanas del aeropuerto y vislumbró un avión en movimiento, antes de volver a mirar a Matt.

—Cuando recibimos críticas de cualquier tipo, es importante recordar que, aunque sean parcialmente ciertas, siempre podemos aprender de ellas. Aunque le resulte difícil escuchar esto, parece que no está demostrando las características de una persona íntegra, ni en casa ni en el trabajo. Hasta que no decida vivir con integridad en su familia y en su negocio, seguirá teniendo estos problemas. Siempre tendrá que «vigilar sus espaldas» y no tendrá plena claridad mental.

Matt empezó a garabatear, pero seguía escuchando. Estaba demasiado avergonzado para hacer contacto visual mientras Randy continuaba:

—No podrá concentrarse plenamente en servir a los demás porque su mente volverá a las veces que le faltó integridad.

No importa el dinero que gane o el éxito que tenga en el trabajo, estos problemas siempre volverán a surgir. En lugar de centrarse en el trabajo que tiene, ha de centrarse en la persona en la que quiere convertirse. ¿Está preparado para ello?

—Creo que sí. —Matt miró a Randy.

—Bien —dijo Randy, y luego reanudó su discurso—. En la empresa y en la vida, la integridad es la piedra angular que crea la coherencia entre lo que se dice y lo que se hace. Si les dice a sus subordinados en el trabajo que todos deben presentarse a una reunión obligatoria a las siete de la mañana y usted llega diez minutos tarde sin avisar y sin una excusa válida, pierde credibilidad y confianza con su equipo. Del mismo modo, si le dice a su mujer que quiere anteponer la relación con su familia a su carrera, pero luego se pierde la fiesta de cumpleaños de su hija porque viaja por trabajo, es difícil que su mujer crea lo que dice porque sus acciones no coinciden.

Matt comenzó a sentir un nudo en la garganta, pero trató de ocultar sus emociones de la mejor manera posible. Había ignorado esas cuestiones durante años, pero no podía seguir haciéndolo.

—Por favor, continúe —le pidió.

—Quiero hablarle de un interesante estudio que realizó un experto en liderazgo llamado Dr. Ken Blanchard. Blanchard se propuso descubrir el factor que más contribuye a crear confianza en los equipos. ¿Qué importancia cree que tiene la confianza?

¿Se había puesto a hablar sobre estudios? Matt empezaba a sospechar quién era realmente ese tipo.

—Es muy importante —respondió Matt con timidez.

—Sin confianza no se puede construir un equipo exitoso. ¿Está de acuerdo?

—Sí —respondió Matt.

—Blanchard estudió las interacciones entre los miembros de un equipo para averiguar cuál era el factor principal que mantenía unido a un equipo y les permitía confiar en los demás. Se podría pensar que algunos de los factores serían la disciplina, el trabajo duro, la amistad o las habilidades y capacidades. Blanchard descubrió que, sin lugar a dudas, la integridad era el factor número uno para fomentar la confianza en los equipos. Al vivir con integridad, se obtiene una ventaja en el trabajo y en casa. La confianza y la integridad son la clave de un gran liderazgo y trabajo en equipo.

—Ahora lo entiendo —admitió Matt.

—Genial —respondió Randy—. Piense en el fútbol. Hay once jugadores a cada lado del balón. Cada jugador debe confiar en que sus compañeros de equipo cumplirán con sus responsabilidades y se mantendrán fieles a sus tareas. Si una sola persona carece de integridad y se aleja del plan de juego, puede resultar en una jugada desastrosa. Los once compañeros deben trabajar al unísono para lograr el objetivo. —Matt dibujó un poste de portería de fútbol y escribió en él «objetivo de la vida» mientras Randy continuaba hablando—. Con el tiempo, a medida que un equipo de fútbol practica continuamente, se crea confianza entre los entrenadores y los jugadores y todos aprenden que pueden contar con los demás para hacer su trabajo. Lo mismo ocurre en una empresa. Si la gente en el trabajo no ve que vive con integridad en todos los ámbitos de la vida, será difícil crear confianza con ellos. —Matt se sacudió la muñeca para aliviar el creciente dolor y siguió tomando notas, que eran casi ininteligibles. Randy añadió—: Lo mismo ocurre con su vida en casa. La integridad no es eficaz cuando se muestra parcialmente. La gente ve a través del comportamiento temporal, falso o superficial, y por eso es tan importante trabajar en la integridad en todas las áreas de su vida. Y esa es la cuestión, que nadie es perfecto. Yo no lo soy. Usted no lo es. Todos tenemos nuestros defectos, pero la capacidad de ser íntegros a la vez que mostramos humildad y autenticidad permite a los demás ver quiénes somos en realidad. Cuando vivimos así, la gente se siente atraída por nosotros porque saben que somos fieles a lo que somos. Saben que pueden confiar en nosotros. ¿Siente que es la misma persona en todas las áreas de su vida?

—Quizás... Nunca me lo había planteado —respondió Matt. Se sentía un poco abrumado.

Randy sacó un bolígrafo.

—¿Me presta una hoja de papel?

—Sí, claro —dijo Matt mientras arrancaba una hoja de su cuaderno. Randy dibujó unos cuantos círculos y la colocó entre él y Matt.

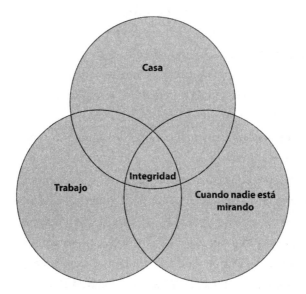

—Esto ilustra lo que quiero decir. —Randy señaló el papel con el dedo—. Fíjese en estos tres círculos. Podría suponer que su forma de actuar en el trabajo tiene poco impacto en su vida en casa con su familia. Estos círculos ilustran que esa forma de pensar es errónea. Todos los círculos se tocan entre sí. —Randy se inclinó hacia atrás y juntó ambas manos—. Lo que hace en un área afecta a las demás áreas de su vida. Es fácil pensar que las decisiones que toma cuando no hay nadie más cerca solo le afectan a usted. Pero eso también es falso. Una vez más, esas decisiones afectan a su vida familiar y a todos los demás aspectos de su vida.

Randy hizo una pausa mientras Matt dibujaba él mismo los círculos y escribía: «Mi trabajo afecta a mi familia». Randy tomó aire y continuó.

—Muchos propietarios de negocios con problemas vienen a mí y se preguntan por qué están fracasando y no pueden encontrar el éxito. Los animo a encontrar pequeñas victorias en un área determinada de su vida. La razón para hacerlo es que, como muestran estos círculos, cada área de su vida tiene un impacto en otras áreas de su vida. Cuando decide tomar posesión de un área, poco a poco va consiguiendo ganar en otras áreas también. Cuando mira estos círculos, ¿puede ver cómo las áreas en las que le falta integridad se contagian a otras áreas?

Matt se quedó con la mirada perdida mientras reflexionaba sobre las tres áreas de su vida antes de responder.

—No creo que sea congruente en todas las áreas. Pero puedo aparentar lo que quiera cuando lo necesito. Y sí, puedo ver cómo mi falta de integridad en un área se contagia a otras.

—Nunca dije que esto fuera a ser fácil —añadió Randy—. Tony Dungy, el entrenador de fútbol americano del Salón de la Fama, lo expresó mejor: «Vivir con integridad es hacer lo correcto frente a lo conveniente». Esta definición da en el clavo. A menudo, vivir con integridad y hacer lo correcto es difícil. No siempre es fácil o conveniente vivir con integridad, pero es lo que hay que hacer. Muchas veces, las cosas de la vida que son fáciles de realizar no merecen la pena. —Randy señaló detrás de Matt, y este se giró para ver una fila de personas que esperaban el café—. Seguir el rebaño y encajar no es lo que hay que hacer como líder. Marcar la diferencia en la vida de los demás requiere a menudo ignorar las voces externas y hacer lo correcto, sin importar el coste. —Randy cambió el tono de voz—. ¿Ha visto alguna vez tocar a una orquesta?

A Matt le pilló desprevenido la pregunta y empezó a perder la concentración.

—Sí, la verdad es que sí. Mi hija, Kennedy, toca el violín y está en la orquesta de su escuela. —Intentó recuperar la concentración y escuchar con más atención.

—Estupendo. —Randy juntó las manos—. La próxima vez que esté en uno de sus conciertos, se dará cuenta de una cosa que nunca olvidará sobre el liderazgo. La persona que dirige la orquesta debe darle la espalda al público. Mientras que los músicos de la orquesta están de cara al público, el director debe ir en contra de la multitud y enfrentarse a las personas que dirige. Lo mismo ocurre en el liderazgo. Habrá momentos en los que se le ponga a prueba, y será conveniente hacer lo que hace todo el mundo o lo que se espera que haga. Pero lo correcto puede requerir que vaya en contra de la multitud.

Matt exhaló profundamente después de una respiración notablemente superficial.

—¿Está bien? —preguntó Randy.

—Sí, estoy bien. Solo estoy tratando de procesar todo esto.

—Quiero que trabaje en poner esto en práctica. Oírlo es una cosa, pero actuar en consecuencia lo lleva al siguiente nivel. Cuando le pregunté si podía señalar a alguien que careciera de integridad, no le costó nada señalar que su vicepresidente no cumple sus compromisos. Ya tengo su primera tarea. Antes de que nos reunamos la semana que viene, quiero que se tome un tiempo para pensar en sus propias acciones y que complete esta tarea. —Randy le entregó a Matt una tarjeta con varias preguntas.

Matt miró la tarjeta, le agradeció a Randy que se tomara la molestia de reunirse con él, programó otro momento para reunirse y luego se dirigió a tomar su vuelo. Aunque su mente estaba saturada, sintió una sensación de alivio. Era difícil admitir que carecía de integridad, pero se sentía aliviado ahora que lo había reconocido. Por primera vez, se dio cuenta de que afrontar la verdad es mejor que seguir viviendo una mentira. Se quitó un peso de encima. Se sintió extrañamente entusiasmado por el hecho de enfrentarse a esas cuestiones, pero sabía que sería difícil escribir sus defectos en detalle. Permanecer en su zona de confort no le estaba llevando a donde quería ir y sabía que era el momento de ponerse incómodo.

Mientras Matt estaba en el avión, empezó a rellenar la tarjeta.

La tarjeta

• **Menciona un ejemplo reciente en el que tu forma de actuar no se corresponda con lo que dices. ¿A quién han afectado tus acciones?**

La respuesta de Matt:

o Suelo decir que estaré en casa para algo relacionado con mis hijos o mi esposa y luego no lo cumplo. El colmo fue faltar al partido de béisbol de Nick por una reunión de trabajo que no era realmente importante. Sé que herí los sentimientos de mi hijo cuando lo hice y eso ha empeorado aún más las cosas entre mi esposa y yo.

o   Hace poco invité al equipo de ventas a salir después del trabajo y dije «yo invito», pero luego me fui antes y no pagué la cuenta.

- **Sabiendo que te faltó integridad en estas áreas, ¿qué debes hacer para corregirlo?**

La respuesta de Matt:

o   Cita de Randy: «Sus acciones deben hablar tan alto que apenas pueda oír lo que dice». Ahora comprendo que debo tener más cuidado con las cosas que digo y las promesas que hago. Si me comprometo con algo o con alguien, tengo que asegurarme de cumplir mi palabra. En casa, tengo que crear pequeñas victorias, como llegar temprano a las actividades de los niños y preguntar cómo puedo ayudar a Kendra con tareas del hogar. En el trabajo, si digo «yo invito», debo pagar la cuenta.

- **¿A quién conoces que viva con integridad? ¿Qué tiene de diferente?**

La respuesta de Matt:

o   Siento que, en la industria en la que estoy, mucha gente no vive con integridad. Sin embargo, yo diría que mi abuelo lo hace. Es alguien con quien siempre se puede contar. Está claro que es un modelo de integridad en todos los ámbitos de su vida. El éxito de Turnbow está fuertemente correlacionado con su integridad, que ha puesto en práctica de arriba abajo. Mi abuelo siempre hace las pequeñas cosas bien y no recuerdo ningún momento en el que haya dudado de su integridad o no haya confiado en él. Es intencionado con su tiempo y sus compromisos.

- **Al final de tu vida, ¿qué quieres que la gente diga sobre tu carácter e integridad?**

La respuesta de Matt:

o Esta es una pregunta difícil en la que no he pensado mucho antes. Pero creo que no quiero que mi mujer sea infeliz en nuestro matrimonio por culpa de mis acciones. Y creo que sería triste que mis hijos creyeran que no me preocupo por ellos porque me he perdido todos los acontecimientos importantes de su vida. Tampoco quiero mirar atrás en mi carrera laboral sabiendo que tenía una enorme plataforma para tener un impacto positivo en la vida de otras personas y la desperdicié. Quiero que la gente diga que sabía que yo estaba ahí para ellos y que podían contar conmigo. Quiero que la gente diga que cuando Matt lo dijo, lo hizo.

CAPÍTULO 11

Crecimiento

Cuando Matt llegó a casa, Kendra estaba esperando en la puerta principal, emocionada por verlo.

—Hoy pareces diferente. —Kendra abrazó a Matt—. Más positivo. ¿Quién es la mujer afortunada a la que has conocido? —bromeó.

—Tú eres esa mujer. —Matt se rio y tiró de ella con fuerza—. Hoy me he encontrado con un tipo en el aeropuerto y hemos tenido una larga conversación. Me ha ayudado a poner algunas cosas en perspectiva y me ha hecho ver que tengo que empezar a hacer las cosas de otra manera. Vamos a vernos de vez en cuando, siempre que pase por su aeropuerto. Creo que me vendrá muy bien.

—¡Eso es genial! —exclamó Kendra mientras esbozaba una sonrisa esperanzadora—. Los niños y yo acabamos de cenar. Hay algo de comida para ti si quieres. Tengo que ayudar a Kennedy con sus deberes. El lavavajillas no funciona, así que ¿puedes lavar los platos? Tú los lavas y yo los guardo. ¿Te parece justo?

—Claro —respondió Matt con una sonrisa a la vez que Kendra salía de la habitación. Mientras limpiaba los platos, tuvo tiempo de pensar en todo lo que Randy le había dicho. Cuando terminó, se dirigió a su despacho y se puso a escribir. Matt creía que solo pasaría unos minutos trabajando en esa primera tarea, pero se quedó en su despacho durante dos horas. Se dio cuenta de que nunca había sido realmente honesto consigo mismo cuando se trataba de sus acciones y de cómo estaban afectando a los demás. Se le saltaron las lágrimas. Por fin reconocía que no tenía su vida resuelta. Había sido muy egoísta con su familia y con la gente del trabajo. Se sintió abrumado al pensar en las formas negativas en que trataba a los demás. Por primera vez, Matt estaba preparado para el cambio.

Después de una larga semana de trabajo, Matt estaba listo para reunirse de nuevo con Randy. No llevó la tarjeta que Randy le había entregado. En su lugar, llevó seis páginas llenas de pensamientos inspirados. Cuando se dirigió al restaurante, vio que Randy estaba formando a un joven que parecía estar en el instituto. Matt se sentó cerca de ellos y escuchó a Randy decirle al joven cómo limpiar correctamente las mesas. Matt se quedó mirando durante unos cinco minutos. Oyó a Randy decir: «Se trata de hacer bien todas las cosas pequeñas. Cuando limpies las mesas y las sillas, recuerda que la gente las utilizará para sentarse y comer. Queremos que este sea el restaurante más limpio y acogedor que hayan visitado». Cuando terminó de hablar con el joven, se dirigió a la mesa de Matt y se sentó a las 10.59 de la mañana, un minuto antes de la hora prevista para la reunión.

—¿Cómo ha ido su primera tarea? —preguntó Randy.

Matt respondió después de respirar hondo.

—Ha ido bien. La verdad es que lo necesitaba. En lugar de limitarme a escribir unas cuantas cosas en una hoja, escribí seis páginas de pensamientos y ejemplos de cosas que quiero cambiar en mi vida. Como puede ver, ¡mi vida está patas arriba! —Matt se rio.

—Lo está haciendo muy bien, Matt. Está justo donde tiene que estar —respondió Randy con entusiasmo.

—He visto que estaba formando a un nuevo empleado. —Matt señaló al chico que estaba limpiando una mesa al otro lado del restaurante.

—Sí, empezó a trabajar con nosotros la semana pasada.

—Qué bien. De todos modos, ¿de qué se encarga usted? ¿Es gerente o formador? —preguntó Matt. Se sentía mal por haber pensado en él solo como limpiador de mesas.

Randy se crujió los dedos y realizó una pausa dramática.

—Tengo unos doscientos cincuenta empleados que trabajan para mí.

—¡¿QUÉ?! —exclamó Matt.

—Me llamo Randy Dillon. Creé Dillon's Pizza hace veinte años. Tenemos cincuenta locales en todo el país.

—¡No puede ser! Espere... ¿por qué está vestido como un empleado normal y limpiando las mesas? —preguntó Matt.

—Esto es para lo que he nacido. He nacido para reunirme con gente como usted para ayudarles a ser mejores líderes. Intenté retirarme, pero, después de pasar un mes en la playa, no pude soportarlo más. Sabía que necesitaba tener un propósito y una razón para levantarme cada mañana. Formar a personas como usted es mi propósito.

Matt estaba asombrado. No se podía creer que hubiera juzgado tan mal a Randy.

—Lo siento —se disculpó Matt.

—¿Que lo siente por qué? —preguntó Randy.

—Bueno, por juzgarlo erróneamente. Para ser honesto, por su forma de vestir, y después de verlo limpiando las mesas, todavía sigo sin creerme que sea el dueño de Dillon's. Pensé que simplemente era un empleado.

—No se preocupe —dijo Randy—. Pero no importa que sea la persona que limpia las mesas o el dueño de la empresa. Por eso me visto como lo hago. No necesito que la gente conozca mi puesto en esta empresa o el éxito que he tenido. Quiero construir relaciones reales y amistades con la gente en mi vida. Esta es una gran lección que debe aprender. Tiene que llegar a un punto en su liderazgo en el que trate al limpiador de mesas y al chico del autobús de la misma manera que trata al gerente y al director general.

Matt estaba asombrado. Randy se preocupaba de verdad por él y quería invertir en su vida. No estaba el tiempo que pasaban juntos presumiendo de sus propios logros, como muchos otros empresarios de éxito hacían. En cambio, estaba centrado en hacerle preguntas a Matt que le ayudaban a crecer como persona.

—Hábleme de la tarea de la semana pasada —le pidió Randy.

—Bueno, aquí está —dijo Matt entregándole los papeles.

Randy le echó un vistazo rápido.

—Vaya. Esto está genial —comentó y asintió en señal de aprobación—. Creo que está preparado.

—¿No va a leerlo todo? —preguntó Matt.

—Lo haré, pero después de nuestra reunión —comentó Randy.

—¿Para qué estoy preparado? —preguntó Matt.

—Para hacer un cambio en su vida. Lo que ha escrito es claramente transparente. Creo que está listo para empezar a implementar la integridad en cada área de su vida. —Randy ordenó sus pensamientos por un momento e inhaló con fuerza—. Lo que pasa con la integridad es que, cuando su vida es congruente, la gente confía en usted. ¿Le gusta hacer negocios con gente que no le gusta o en la que no confía?

—En absoluto.

—Exacto. —Randy sacó una servilleta y empezó a escribir en ella. Mientras escribía, continuó hablando—: Verá, en realidad he creado mi propio diagrama de cómo funciona esto. Muchos líderes tienen este diagrama en sus escritorios porque es eterno. Lo llamo el continuo I-C.

»Permítame desglosar este diagrama para usted. Piense en su negocio. Usted vende y promociona productos. Presta servicios a sus clientes. Si es una persona que vive con integridad, la gente observa sus acciones. Aunque haya días en los que no tenga ganas de hacer lo correcto, como la gente sigue viendo su compromiso, sin importar lo grande o pequeña que sea la tarea, toman nota de su carácter.

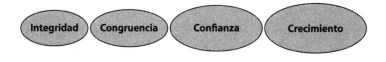

Continuo I-C

Matt volvió a sacar su cuaderno de notas y escribió: «Lo que ocurre con el tiempo es que la gente que te rodea se acostumbra a tus acciones. Ven congruencia en tu estilo de vida. Lo ven en tu carrera. Lo ven en las cosas grandes y pequeñas que haces cada día».

—¡Vale, esto tiene sentido! —exclamó Matt.

Randy continuó:

—Cuando usted es un modelo de integridad en los negocios, sus compañeros de trabajo, gerentes y clientes concluyen que será consistente y congruente en la forma en que se comporta en otras áreas. Cuando se dan cuenta de que es una persona congruente, la gente sabrá que es alguien con quien pueden contar. ¿Sabe cómo llamamos a eso? —Randy hizo una pausa—. Confianza. Es uno de los factores más importantes en las relaciones, los negocios y la vida. Cuando los demás pueden confiar en usted, no solo esperan que cumpla, sino que, en muchas circunstancias, dependen de que lo haga. La confianza es algo que se construye a través de las dos primeras etapas del continuo. Sin confianza, es difícil tener éxito en cualquier empresa. Cierre los ojos.

—Está bien… —respondió Matt con aprensión.

—Quiero que piense en alguien en quien realmente confíe. Alguien que sepa que estará ahí para usted si lo necesita. Piense en alguien que dejaría todo lo que está haciendo para estar ahí para usted. ¿Qué cualidades tiene?

Matt cerró los ojos y se quedó respirando un poco.

—Bueno, se me viene a la mente mi abuelo. Es muy de fiar. De niño, me gustaba mucho el béisbol. Aunque él era más aficionado al fútbol americano, sabía que era importante para mí que estuviera en mis partidos. Se ponía junto a la valla del campo izquierdo, cerca del poste de foul, en todos los partidos. Durante mi primer turno al bate, siempre miraba antes de ir al plato y lo veía allí. Podía contar con su presencia.

—Gran ejemplo —dijo Randy.

Matt continuó.

—También recuerdo que una vez, cuando era más joven, mi abuelo me llevó a trabajar con él durante un día. Me recogió y limpiamos el aparcamiento de la empresa. —Comenzó a sonreír ante el recuerdo—. Es el director general de la empresa y se aseguraba de que todo estuviera limpio y en orden a las cinco de la mañana. Nadie le dijo que lo hiciera. Simplemente hace las cosas bien y siempre se puede contar con él para tomar decisiones desinteresadas para la empresa. Nunca olvidaré ese ejemplo de servir a sus empleados cuando eso no formaba parte de la descripción de su trabajo.

Randy estaba impresionado.

—Son ejemplos perfectos. Su abuelo claramente tiene integridad. Tiene congruencia. Eso genera confianza y entonces la gente lo reconoce como una persona digna de confianza. Y eso lleva al crecimiento. En un entorno empresarial, el crecimiento puede incluir ingresos, beneficios e influencia. En la vida, el crecimiento incluiría la madurez emocional, las relaciones saludables, el crecimiento espiritual y el bienestar psicológico. La conclusión es que, si la gente confía en usted y le gusta estar a su lado, querrá hacer negocios con usted. La integridad es realmente uno de los secretos mejor guardados en los negocios. La mayoría de la gente piensa que se necesita un título de alto nivel, que hay que hacer horas extras o que hay que dejar a otros a un lado para lograr el éxito. Pero estoy aquí para decirle que centrarse en la integridad es lo más importante que puede hacer por su vida y su negocio.

Antes de que se dieran cuenta, su tiempo había terminado. En lugar del habitual apretón de manos, Matt le dio un abrazo a Randy. Tenía muchas ganas de volver a verlo. Después de cada reunión, Matt sentía que se convertía en una mejor versión de sí mismo. Las lecciones de Randy eran eternas y le cambiaban la vida. Nunca se había mirado a sí mismo y a sus acciones con tanta honestidad e introspección. No sabía qué le depararía el futuro, pero se sentía más preparado para afrontarlo. Con cada lección que aprendía sobre la integridad, se sentía más incómodo con la decisión de Tony de vender los motores a Aerolíneas Thrive.

CAPÍTULO 12

Ley n.º 2: La integridad permite el éxito a largo plazo

A principios de la semana siguiente, Matt y Tony se prepararon para su gran reunión con Aerolíneas Thrive. Mientras Tony seguía hablando de la cantidad de dinero que iban a ganar, Matt seguía pensando en sus conversaciones con Randy. En su corazón, sabía que no estaban actuando con integridad y, sin embargo, seguía justificando en su mente por qué hacer la venta era lo mejor. Sabía que tenía que volver a hablar con Randy y fue a verle en su siguiente viaje de trabajo.

Matt estaba intrigado por Randy, e incluso un poco intimidado por su presencia.

—Hábleme de su historia —le pidió Matt.

—¡Ja! —Randy dejó escapar una estruendosa carcajada—. Ojalá conociera mi pasado. Realmente es un milagro que esté en la posición en la que estoy hoy. La verdad es que tengo una tendencia a la adicción. —Matt asintió con la cabeza; intuía a dónde iba la conversación—. Fui alcohólico y adicto a todo tipo de drogas. Me autodestruí y dejé de lado todo lo que era bueno en mi vida. Lo perdí… —Randy se emocionó—, absolutamente todo. Empecé a beber mucho todos los días. Después, a través de la gran puerta que puede ser el alcohol, empecé a consumir drogas.

—Vaya, no tenía ni idea —dijo Matt.

Randy se secó los ojos.

—Esos eran mis remedios diarios para tratar de sobrellevar el estrés de la vida. Solo tenía dieciocho años cuando nació mi hija. La responsabilidad de ser padre a una edad tan temprana me asustaba y por eso hui. Me fui. Abandoné a mi hija y a mi novia. —Randy juntó las manos e inhaló profundamente para tranquilizarse—. A día de hoy, ni siquiera he conocido a mi propia hija.

Estaba tan avergonzado por mis acciones que acabé tomando drogas más duras. Mi adicción entonces me llevó al juego porque necesitaba dinero para más drogas. Aposté hasta el último céntimo de mi cuenta bancaria. Me quedé sin hogar, dormía a un lado de la carretera y pedía dinero a la gente. Estaba desamparado.

—¿En serio? —Matt no podía creerlo—. ¿Un drogadicto sin hogar convertido en empresario y *coach* de negocios? Es un cambio increíble.

—Sí. Cuando no tenía hogar, solo me preocupaba de mí mismo. Hacía las cosas según mi propio horario. No me importaba lo que pensaran los demás. Solo hacía lo que era fácil. Era mi forma de escapar del dolor. Un día, cuando estaba en el arcén de la carretera, un hombre se paró a hablar conmigo. Sacó su cartera y cogió un billete de cien dólares. Se me iluminaron los ojos porque sabía que con ese dinero podría conseguir mi próxima dosis. Pero justo antes de cogerlo, lo apartó y me dijo: «Si te doy esto, puedo pasar cien minutos contigo. ¿Tenemos un trato?».

Randy esbozó una sonrisa, una pequeña, pero una sonrisa, al fin y al cabo.

—Nadie había querido hablar conmigo cuando estaba en la calle. Por lo general, me daban sus monedas y seguían su camino. No tenía hogar y no tenía un horario, así que pensé en ir al McDonald's con ese tipo para conseguir algo de dinero para drogas. Estaba desesperado. —Intentando contener las lágrimas, Randy continuó—. El tiempo que pasamos juntos en aquel McDonald's me cambió la vida. El hombre me dijo que, aunque había cometido errores, no tenía que vivir en el pasado. Me ayudó a dar un giro a mi vida. Me contó cómo algunas de las decisiones que había tomado en el pasado le habían hecho arrepentirse.

Matt abrió los ojos de par en par y no parpadeó. Asintió con la cabeza para animar a que la historia continuara. Randy continuó.

—Me dijo que quería ayudarme a evitar parte de ese dolor. A pesar de que le conté que era un drogadicto, que tenía ludopatía y que había abandonado a mi familia, me dijo que todavía tenía esperanza y un futuro. Durante años, mientras vivía en la calle, las conversaciones rara vez iban más allá del nivel superficial. Nadie me valoraba como lo hacía aquel hombre. Al final de nuestros cien minutos juntos, me dio el dinero como había prometido. Cada fibra de mi cuerpo quería gastárselo todo en drogas. Estaba a solo dos manzanas de mi camello y sabía que podía conseguir una dosis rápida.

Randy apretó las manos.

—Pero había algo... diferente. —Se golpeó el pecho en un raro destello de orgullo—. No podía creerlo, pero por primera vez en muchos años, vi mi adicción a las drogas desde una perspectiva externa y me pareció sin sentido. Aquel hombre me puso en contacto con la iglesia local a la que asistía y me llevó a una reunión de AA el mismo día. Luego me conectó con otra iglesia que ayuda a exconvictos y a personas sin hogar a conseguir trabajo. Y, efectivamente, dos meses después, conseguí mi primer trabajo en un aeropuerto. Me encargaron limpiar todas las mesas del patio de comidas del aeropuerto. Eso era todo lo que hacía. Todos los días me presentaba a las cuatro y media de la mañana para fichar y me aseguraba de que los restaurantes estuvieran limpios. No era glamuroso ni mucho menos, pero sabía que, si quería crecer, tenía que empezar por algún sitio. Limpié y limpié, conocí a gente, limpié un poco más y empecé a desarrollar una forma de vida que sabía que era la mejor para mí. —Randy asintió y sonrió—. En cuanto me recuperé, quise montar mi propio restaurante para servir a los demás, y el resto es historia.

Matt sacudió la cabeza. Las lágrimas se agolparon en sus ojos.

—¿Cómo? —Tosió—. ¿Cómo dio un giro a su vida y se convirtió en la persona que es hoy? Cuesta creer su historia viéndole ahora.

—Sé que es difícil de creer, pero por eso me apasiona ayudar a gente como usted a darse cuenta de la importancia de sacar el máximo partido a su vida. Quiero ayudarle a tener un éxito multidimensional.

—¿Qué quiere decir? —preguntó Matt.

—Bueno, cuando tienes integridad en todos los ámbitos, te permites tener éxito en múltiples áreas de la vida. En su caso, eso es en su vida profesional y en la personal. No sabe cuánto me entristece tener una hija a la que nunca he conocido. Me he perdido ser una figura paterna para ella. Quiero que tenga éxito en el trabajo, pero no quiero que sacrifique la felicidad de estar con la familia a cambio de ese éxito. ¿Diría su esposa que usted los mantiene?

—Yo diría que sí —respondió Matt—. Los dos últimos meses he llevado dos cheques de comisiones muy grandes. Más grandes que la cantidad que una persona media lleva a casa en un año.

Randy se sorprendió al escucharlo. Matt sabía que lo había calado.

—Eso es un problema. Tiene que centrarse en mantener a su familia más que en lo económico. Si es íntegro, podrá mantener a su familia y tener éxito tanto en el trabajo como en casa. Veo a muchas familias pasar por este aeropuerto todos los días y veo a los padres que están tan consumidos por sus teléfonos que parece que su familia es algo secundario. No quiero eso para usted. —Matt sonrió como un adolescente que sabe que le han pillado. Randy continuó—: Sé que puede y que tendrá éxito en el trabajo y en casa. Me arrepentiré de haber dejado a mi novia y a mi hija durante el resto de mi vida. Nunca podré retractarme. Pero puedo ayudarle a que se dé cuenta de que es afortunado, y le ruego que no lo desperdicie. Si empieza a vivir con integridad, podrá tener éxito en múltiples áreas de su vida. No tiene que sacrificar una por la otra.

Matt apreciaba cada vez más el tiempo que pasaba con Randy. Sabía que su familia había intentado hablar con él antes sobre estar más presente emocionalmente, pero nunca había sido capaz de implementarlo en su vida a largo plazo. Miró más allá de Randy hacia la pared roja.

—Matt —dijo Randy llamando de nuevo su atención—. Mi amigo, Frank, construyó una empresa de gran éxito que empezó en el salón de su casa. Cuando empezaron a tener éxito, se comprometieron a hacer todo con integridad. Incluso hicieron una lista de todo lo que podía hacer que se arruinaran, como por ejemplo la complacencia, los informes inexactos, los robos o el mal comportamiento para hacer un plan salvaguardas para protegerse. Mirar con honestidad lo que podría arruinarle le ayudará a mantener su integridad. El equipo de Frank sabía lo fácil que era sacrificar la integridad cuando se trataba de construir un negocio, así que crearon normas para ayudarles a mantenerse en el camino. Eso los mantuvo centrados en el éxito a largo plazo en lugar de en las ganancias a corto plazo. Es realmente significativo porque la integridad conduce al éxito a largo plazo. Lo he visto una y otra vez en mi vida y en la de las personas de las que soy mentor.

Matt estaba atento y lo asimilaba todo.

—Cuénteme más sobre eso —le pidió.

Randy respondió con una sonrisa.

—Mucha gente con la que se encontrará en los negocios persigue el dinero rápido. No se dan cuenta de las consecuencias de sus decisiones y dirigen sus negocios de forma cortoplacista. Déjeme contarle una historia sobre dos ejecutivos con los que me reúno una vez al mes. Dirigen una empresa hipotecaria de éxito juntos. La empresa da empleo a más de cinco mil personas y siempre la nombran como una de las mejores empresas para las que trabajar en Estados Unidos. Lo que más impresiona de ellos es que animan constantemente a su equipo de liderazgo a tomar decisiones que ayudarán a que la empresa sea rentable dentro de unos años.

Matt se inclinó más hacia él mientras Randy continuaba hablando.

—Toman decisiones sabias que ayudan a garantizar la integridad y el éxito a largo plazo del negocio, y se preocupan por sus empleados y sus familias. Mientras que la mayoría de las empresas hipotecarias aumentan de forma regular y significativa los sueldos de sus altos ejecutivos, esta empresa mantiene grandes reservas de efectivo en caso de que la economía se suavice alguna vez, de forma que tengan fondos disponibles para evitar el despido de cualquiera de sus empleados. —Randy se rascó la cabeza—. Saben que las decisiones que toman a puerta cerrada tienen un gran impacto en sus empleados. Se toman muy en serio la responsabilidad de emplear a más de cinco mil personas que necesitan mantener a sus familias. Gracias a su integridad y a su genuina preocupación por sus empleados, la empresa sigue experimentando un éxito sostenido a largo plazo.

Randy juntó sus manos de manera triunfal.

—Y, fíjese en esto, sería normal pensar que, debido a la gran cantidad de dinero que han ganado, su declaración de misión incluiría algo sobre alcanzar los objetivos de ventas o ganar mucho dinero. Pero no es así. Uno de sus valores fundamentales es ofrecer resultados con integridad. Desde la cima de la organización hasta la base, todos se esfuerzan por vivir con integridad. Es realmente una ventaja empresarial a largo plazo.

Matt estaba asombrado y se quedó esperando escuchar más de la sabiduría de Randy.

CAPÍTULO 13

Ley n.º 3: Integridad = Tu mejor yo

Después de coger un café para él y Matt, Randy se sentó de nuevo y continuó.

—Piense en las personas que ve en las noticias a las que les pillan por una conducta poco ética. Las consecuencias de esos acontecimientos tan publicitados son terribles. No solo la persona pierde su credibilidad, sino que el impacto en su vida personal, su familia y su negocio suele ser bastante devastador.

Randy tomó aire y bebió un sorbo de su café.

—Escuché una historia sobre el antiguo entrenador de béisbol Tommy Lasorda. Les dijo algo a los periodistas en una entrevista después de un partido que realmente me impresionó. «El mejor día de mi vida es cuando soy entrenador de este equipo de béisbol y ganamos un partido, y el segundo mejor día de mi vida es cuando soy entrenador de este equipo de béisbol y perdemos».

—¿Por qué se iba a alegrar por perder? —preguntó Matt.

—Le encantaba lo que hacía. Todos los días que iba a trabajar, le encantaba. Le encantaban los jugadores, su personal, el béisbol, los aficionados y los retos que todo ello conllevaba. Obviamente, como entrenador profesional, Tommy se enfrentó a retos y dificultades, como cualquier líder; pero su amor por la gente y el proceso era mayor que los retos a los que se enfrentaba. Como tenía una visión clara del tipo de entrenador y líder que quería ser, tomó la decisión de amarlo todo, tanto lo bueno como lo malo. Tommy les debía a sus entrenadores, jugadores y aficionados el ser la mejor versión de sí mismo cada día, a pesar de los altibajos y las decisiones difíciles… Y usted también.

—Eso suena muy bien y todo eso, pero no voy a jugar ni a entrenar en la MLB. Creo que sería muy fácil «enamorarse» de los salarios que se ganan si tuviera que entrenar o jugar al béisbol para ganarme la vida —respondió Matt.

Randy sonrió.

—Vivir la vida más satisfactoria posible requiere estar contento y plantar los pies donde uno está. El acto de compararse es el ladrón de su felicidad. Es muy afortunado y le debe a la gente de su círculo de influencia ser la mejor versión de usted mismo cada día, ya sea limpiando mesas o dirigiendo una empresa, o haciendo ambas cosas. Cuando vives con integridad, te sientes satisfecho. Cuando haces las cosas correctas de la manera correcta y las haces con excelencia, te sientes completo, estás plenamente satisfecho y puedes dormir bien por la noche.

Matt asintió con entusiasmo.

—Es un equilibrio muy difícil. Por un lado, quiero hacer siempre lo correcto, pero por otro, quiero tener éxito financiero. Es casi como si tuviera una batalla dentro de mí cuando tomo decisiones.

Randy sonrió.

—Está en una batalla todos los días. Pero no es una batalla física. Es una batalla espiritual. Aquí tiene un verso que me ayuda a mantener los pies en la tierra: «Pues ¿de qué le sirve a un hombre ganar el mundo entero y perder su alma?». Como líder que persigue el éxito, tiene que recordar que, si gana todo el dinero del mundo y tiene éxito a corto plazo, pero pierde sus principios y todo lo que es importante para usted, al final fracasará. Si sacrifica su integridad para ganar hoy, al final perderá. Y recuerde, cuanto más éxito y poder tiene, más fácil es creer que las reglas no se aplican a usted. Abraham Lincoln lo dijo así: «Casi todos podemos soportar la adversidad, pero, si queréis poner a prueba de verdad el carácter de un hombre, dadle poder».

Matt pensó en el poder que tenía en el trabajo y en cuánto poder conseguiría si realizaba la venta. Por su mente pasaron algunos de los compañeros a los que trataba mal en el trabajo. También pensó en cómo había visto a otras personas ascender y luego volverse completamente egocéntricas. Él no quería eso para sí mismo. No quería ser como Tony.

—Entonces, ¿diría que luchar en estas batallas y mantenerse humilde son los secretos para actuar con integridad? —preguntó Matt.

—Esa es una manera de verlo. Algo que hay que tener en cuenta es que, cuando se vive sin integridad, se tiende a ser muy egocéntrico. —Randy dio un sorbo al café—. Para un líder, el cuidado de uno mismo es muy importante, pero vivir con integridad te permite cambiar tu enfoque hacia los demás. Piense en un entrenador personal, por ejemplo. La mayoría de los entrenadores personales de éxito que conozco se levantan muy temprano por la mañana para hacer su propio entrenamiento. Primero disciplinan su propio cuerpo y luego son capaces de entrenar a otros y dar lo mejor de sí mismos a sus clientes. Si tuviera un entrenador personal que no hiciera ejercicio, estaría bastante confundido y sería difícil seguir su liderazgo. —Randy asintió—. Se lo debe a usted mismo y a los demás que dirige ser la mejor versión de sí mismo cada día y estar agradecido por lo que tiene en lugar de centrarse en lo que no tiene.

Matt comenzó a contar las cosas buenas que tenía en su vida. Tuvo en cuenta a su mujer, a sus hijos, a su abuelo, a un gran trabajo, e incluso estaba agradecido por un hermano que le desafiaba a crecer. Ahora solo tenía que averiguar qué hacer con Aerolíneas Thrive. Aunque quería un gran éxito, no quería perder su alma en el proceso. Se sentía aprisionado por la situación, pero, afortunadamente, Randy estaba a punto de ayudarle a pensar en ello con más claridad.

CAPÍTULO 14

Ley n.º 4: La integridad te libera para vivir

Randy fue directamente al grano.

—Esta es una de las leyes más sencillas, pero puede ser la más liberadora. La verdad es que, cuando uno vive con integridad, experimenta paz y satisfacción, y eso proporciona libertad. Eres capaz de ser quien realmente eres, en lugar de estar muy concentrado en mantener falsas narrativas o recordar mentiras, lo que te pone en una rueda de hámster de la que nunca podrás salir. Piénselo así. ¿Ha hecho malabares alguna vez?

—No. —Matt se rio—. No creo que se me vaya a dar muy bien.

—A eso me refiero —exclamó Randy mientras metía la mano en su bolsa y cogía tres bolas de malabares—. Por ejemplo, pensemos en la mentira. Cuando miente, carece de integridad y crea una narrativa falsa. Así que, si cojo una de estas bolas y la lanzo hacia arriba, no me cuesta nada seguir dándole vueltas sin que se caiga. Tome, inténtelo usted.

Matt cogió una de las bolas de malabares, la lanzó hacia arriba y la atrapó un par de veces. Dijo:

—Sí, estoy de acuerdo, esto es fácil.

—Vale, genial —respondió Randy—. Puede mantener una mentira. Ahora bien, ¿qué pasa si miente a otra persona sobre algo? Aquí tiene otra bola. Ahora láncelas al aire y fíjese en lo fácil que es hacer que no se caigan.

Matt lanzó las dos al aire y las atrapó, pero parecía más torpe que la primera vez.

—Es un poco más difícil —admitió Matt—. Pero todavía puedo hacerlo.

—Bien, si está tan seguro de usted mismo, entonces aquí tiene la tercera bola. Inténtelo. —Matt lanzó las dos primeras bolas al aire y, al soltar la tercera, no consiguió atrapar las que había lanzado al principio. Se le cayeron las tres al suelo. Otras personas del aeropuerto giraron la cabeza. Matt agachó la cabeza avergonzado.

Randy se echó a reír. Aunque sus mejillas estaban enrojecidas, Matt no tardó en seguirle. Con la respiración entrecortada, Randy dijo:

—Verá —comenzó mientras se secaba los ojos—, vivir sin integridad requiere mantenimiento. Pero, cuando dice la verdad y vive la verdad, no requiere ningún mantenimiento. Cuando es congruente en todas las áreas de su vida, puede dormir bien por la noche porque sabe que no está manteniendo una mentira, simplemente está viviendo la verdad. ¿Cuáles son algunas áreas de su vida en las que está haciendo malabares y no está viviendo la verdad?

—Bueno, se me ocurren un par de cosas. —Matt compuso sus pensamientos antes de hablar—. A veces digo mentiras piadosas a la gente del trabajo para intentar parecer más impresionante. Aunque nadie ve los informes de ventas, excepto los directores, a veces exagero mis cifras de ventas para parecer mejor ante mis compañeros. Pero eso no afecta a nadie, así que no es un gran problema.

Randy miró a Matt con severidad.

—Se equivoca. Eso le afecta a *usted*. Cada vez que dice una mentira, tiene que mantenerla. Y después requiere un mantenimiento y una energía constantes para recordar la mentira que ha dicho y para asegurarse de que todas las conversaciones y circunstancias futuras la respaldan. Tener que mantener continuamente una mentira es agotador y acaba desgastándolo.

Matt asintió. Le resultaba difícil creer que algo tan obvio se le hubiera escapado. Randy continuó:

—Cuando se centra solo en los resultados a corto plazo y descuida la perspectiva a largo plazo, no tendrá éxito a largo plazo. Las empresas y los empleados que tienen una visión a largo plazo de hacia dónde se dirigen y tienen integridad en el camino son los que suelen tener más éxito. La clave está en tener unos cimientos para su vida.

Randy siguió hablando:

—Una vez me contaron una parábola sobre dos hombres que construyeron cada uno una casa. Uno construyó su casa sobre arena y el otro sobre roca. Cuando llegaron las tormentas, la casa construida sobre la arena se destruyó muy rápido, pero la casa que estaba construida sobre roca sólida se mantuvo en pie a pesar de las violentas tormentas.

»Lo mismo ocurre con usted. Si construye su vida sobre principios egoístas en lugar de hacerlo sobre una base sólida de integridad, cuando surjan oportunidades para hacer recortes, manipular la verdad, mentir descaradamente o actuar de manera deshonrosa, puede aprovecharlas, causando eventualmente el colapso de todo lo que le rodea. —Randy aplastó su vaso de café de cartón vacío en la mano para demostrarlo—. Pero, si tiene unos cimientos fuertes —puso una mano sobre la otra en la mesa—, puede vivir en libertad, sabiendo que está anclado a unos cimientos estables. Ya ha tomado la decisión sobre qué tipo de persona es y la que quiere llegar a ser. La verdad es que, una vez que decide quién es y lo que representa, la toma de decisiones es mucho más fácil. ¿Sabía que los expertos dicen que es más fácil que alguien se comprometa al cien por cien con algo que solo al noventa y ocho por ciento?

—¿Por qué? —Matt se inclinó hacia delante.

—Es sencillo. La persona que solo está comprometida al noventa y ocho por ciento con algo tiene que reevaluar su posición y tomar una nueva decisión cada vez que surge una situación difícil. Pero la persona que está comprometida al cien por cien con ciertos principios entiende que la decisión ya está tomada. Por ejemplo, piense en un culturista. Alguien que se entrena para participar en una competición de físico tiene que someterse a meses agotadores de dieta estricta, entrenando la mayoría de los días para conseguir que su cuerpo esté en condiciones físicas óptimas. El culturista que está comprometido al cien por cien a ser un gran culturista no tiene que decidir cuando alguien le pregunta si quiere un cono de helado gratis. Lo rechaza porque su visión está puesta en ser el mejor y está totalmente comprometido con su objetivo, mientras que la persona que solo está comprometida en un noventa y ocho por ciento tiene que tomar la decisión de comerlo o no cada vez que se lo ofrecen.

»Lo mismo ocurre con usted. Tiene que tomar una decisión sobre el tipo de persona en la que quiere convertirse. Si su plan es tener integridad solo cuando le conviene, luchará constantemente contra la batalla de hacer o no lo correcto. Pero déjeme decirle algo, he aconsejado a muchos líderes empresariales en este mismo aeropuerto. Si decide vivir su vida en el trabajo y en casa con integridad, vivirá en libertad. En lugar de tratar de mantener su historia o de salvar las apariencias, podrá trabajar, vivir y amar con libertad. En mis días de juventud, pensaba que las reglas no se aplicaban a mí y que tenía la libertad de hacer lo que quisiera. Resultó que estaba atrapado. Cuando al fin decidí organizar mi vida y empecé a convertirme en el hombre que se suponía que debía ser, tuve que empezar a hacerme cargo de mis acciones y a examinar mis elecciones de vida. Solo cuando hice esas cosas y me comprometí al cien por cien con una vida de integridad, experimenté la verdadera libertad. Y eso es lo que quiero que tenga usted.

—En serio, muchas gracias, conocerlo me ha ayudado en muchos aspectos —comentó Matt en voz baja.

—Me da la sensación de que hay más cosas rondando en su cabeza. —Randy miró a Matt con los ojos entrecerrados—. ¿Hay algo que no me esté contando?

—¿Cómo es posible que lo sepa?

—Está tan blanco como un fantasma —respondió Randy medio riendo. Matt, algo nervioso, también se rio.

—Bueno, sí, hay algo que he de contarle. Necesito su consejo sobre una decisión bastante importante que tengo que tomar esta próxima semana. Tengo la oportunidad de hacer la venta de mi vida en el trabajo. —Randy inclinó la cabeza hacia Matt. Continuó—: Esta sería la gran oportunidad que siempre he querido. El único problema es que los motores que vendemos no están a la altura de las pruebas. —Matt temblaba ligeramente.

—¿A qué se refiere con «no están a la altura»? —preguntó Randy sin rodeos.

—Bueno…, todavía no están listos para salir al mercado legalmente por cuestiones de pruebas. Técnicamente estarán bien, pero aún no hemos recibido el visto bueno. Sin embargo, si no realizamos esta venta, podemos perder a nuestro mayor cliente en favor de otro competidor que acaba de empezar a producir un motor similar de alta eficiencia. Fuimos la primera empresa en desarrollar estos motores innovadores y realmente necesitamos esta venta. Mi jefe hizo que se modificaran los informes de las pruebas para demostrar que se habían aprobado los motores con el fin de que la venta se llevara a cabo. Acabarán aprobando los motores, pero aún no lo han hecho. —Matt se rascó la cara y suspiró. Quería que alguien le dijera que la venta era una buena idea.

—Bueno, parece que tiene una decisión bastante difícil en sus manos —comentó Randy—. No intentaré influir en su decisión de ninguna manera porque es su decisión, pero le haré una pregunta. Dentro de veinte años, cuando mire atrás y piense en esta situación, ¿qué decisión le hará sentirse más orgulloso? Creo que, si lidia con esa pregunta, llegará a su propia conclusión sobre lo que debe hacer. Un tonto solo piensa en el impacto de sus decisiones en ese momento, pero alguien realmente sabio considera las implicaciones a largo plazo de sus decisiones. No lo olvide nunca.

CAPÍTULO 15

Aerolíneas Thrive

Por fin llegó el día en que Matt se iba a reunir con los representantes de Aerolíneas Thrive. Se trataba de una gran empresa cuyas opciones de vuelo barato y gran servicio eran un éxito entre los viajeros. Habían experimentado un aumento del cuarenta por ciento en sus ingresos con respecto al año anterior y buscaban continuamente formas de aumentar la rentabilidad. Al centrarse en motores de bajo consumo, creyeron que Turnbow Technologies tenía el producto perfecto y que se ajustaba a lo que ellos buscaban. Eran los socios perfectos.

Matt y Tony pudieron reunirse con la directora ejecutiva de Aerolíneas Thrive, Jade Morgan, que había ayudado a construir la aerolínea desde cero. Matt le mostró a Jade la innovadora tecnología que había creado los motores de bajo consumo. Muchas otras aerolíneas le habían dicho a Matt que su nueva tecnología no funcionaría y habían expresado su preocupación por el hecho de que los motores aún no habían superado las pruebas reglamentarias. Pero Jade era diferente. Le gustó mucho la tecnología y le transmitió su interés por adquirirla; pero, sin una prueba superada, no podría firmar la compra del producto por parte de su empresa. Matt quería mantener ese impulso positivo, así que le aseguró a Jade que tenían los resultados de las pruebas y que se los enviaría lo antes posible. Matt sintió una punzada de incomodidad al notar la facilidad con la que las palabras habían salido de su boca, pero se sintió lleno de energía al pensar que iba a obtener la bonificación de su vida.

Cuando Matt entró en el despacho de Tony después de la reunión, estaba sonriendo.

—Jade ha mencionado que necesitan pasar la prueba de resultados antes de que puedan hacerlo oficial. ¿Para cuándo puedes conseguirme el certificado y los resultados? —preguntó Matt.

—Solo necesito hacer una llamada —respondió Tony con arrogancia—. Te dije que mi chico se encargaría de nosotros, y lo hará.

—¿De verdad crees que esto va a funcionar? ¿Usando resultados de pruebas falsificados? ¿No crees que...?

Tony lo interrumpió:

—Funcionará, no me cuestiones. Llevo haciendo esto mucho más tiempo que tú. Soy el que cierra los tratos, y esto es lo que hago. Hago que los tratos sucedan.

Tony se levantó, se acercó a Matt, lo miró de arriba abajo y salió de su despacho. A Matt le sorprendió que un líder de alto nivel como Tony —que había tenido un éxito de ventas decente en el pasado— considerara la posibilidad de utilizar resultados de pruebas falsos. Matt empezó a sentirse avergonzado de haber considerado siquiera formar parte de ello. Pensó en lo que Randy le había enseñado. Por un lado, quería tomar una decisión que le impidiera arrepentirse moralmente más adelante, pero también sabía que siete millones de dólares cambiarían su vida por completo. Podría jubilarse, viajar y pasar tiempo con su familia, como su hermano mayor. El corazón de Matt bombeó muy rápido ante la idea de tener esa cantidad de dinero, pero también sintió una gran ansiedad por estar involucrado en un plan como ese.

Cuando Matt salió del despacho de Tony, la recepcionista de Tony mencionó que la presidenta de Aerolíneas Thrive estaba muy entusiasmada con la noticia de que habían pasado la prueba y que volvería con su equipo de ingenieros en unos días para comprobarlo por sí mismos. Normalmente pasaban semanas antes de que un equipo entero fuera a visitarlos para evaluar una nueva tecnología, pero ese era un asunto tan importante que era su prioridad número uno. Matt estaba orgulloso y nervioso al mismo tiempo.

Tres días más tarde, Matt llegó al trabajo a las cuatro y media de la mañana. Aerolíneas Thrive debía llegar a las nueve de la mañana, y el equipo tenía mucho que preparar. Matt se sentó tranquilamente en su despacho y pensó largo y tendido en lo que estaba sucediendo. Se dio cuenta de que tendría que mostrarles a los miembros de Aerolíneas Thrive los motores con confianza, ya que sabía que aún tenían que pasar las pruebas reglamentarias.

Justo cuando Matt empezó a considerar la idea de llamar a Jerry para informarle de lo que estaba pasando, Tony entró.

—¡Oye! Vamos abajo. Tenemos que repasar algunas cosas antes de que lleguen. —Matt siguió a Tony escaleras abajo y hablaron de los posibles escenarios. Tony dijo—: Si piden ver los resultados de las pruebas hoy, hazles saber que todavía estamos esperando que nos envíen el documento final, pero que nos han dado la aprobación verbal. Diles que aún estamos esperando.

—Entendido —respondió Matt. Era un vendedor nato y su gran inteligencia emocional le ayudaba a cerrar los tratos. Podía leer a los demás como un libro abierto y sabía cómo complacer a las personas a las que vendía. Cuando llegó el equipo de Aerolíneas Thrive, Matt estaba preparado. Conocía el motor de Turnbow por dentro y por fuera, así como todos los demás motores de su sector. Confiaba en que Aerolíneas Thrive seguiría adelante con su nuevo producto.

—¡Bienvenidos a Turnbow! —exclamó Matt cuando el equipo directivo de Aerolíneas Thrive entró en el edificio—. Estamos encantados de que estén aquí. —Matt mostró al equipo las instalaciones y presentó a los ingenieros de ambos equipos. Todos los empleados de Aerolíneas Thrive parecían encantados. Uno de ellos habló de lo emocionante que era ser los primeros en la industria en tener esa tecnología. Podría ahorrarles millones si fueran la primera aerolínea en implantarla eficazmente.

El equipo estuvo en el edificio durante más de diez horas aquel día, realizando pruebas y revisiones de los motores. Tanto la presidenta como los ingenieros estaban sorprendidos por el rendimiento de los nuevos motores. Mientras Matt acompañaba al equipo de Aerolíneas Thrive a la salida del edificio, Jade se dirigió a Matt y le dijo:

—Pronto tendrá noticias mías.

A las cinco y media de la mañana siguiente, Matt recibió una llamada de Jade. Esperaba tener noticias de ella pronto, pero no tan pronto. Cogió el teléfono y salió del dormitorio.

—Perdón por llamarle tan temprano. ¿Está despierto? —preguntó Jade.

—Ahora sí —respondió Matt en tono ligero—. ¿Su vuelo llegó bien?

—Sí, lo hizo. —Jade respiró profundamente mientras Matt se esforzaba por ocultar su bostezo—. Tengo una gran noticia para usted. —Matt empezó a sentirse mal. Jade continuó—: Nuestra junta directiva ha aceptado el precio de doscientos cincuenta y dos millones de dólares. Estamos listos para seguir adelante con este acuerdo. —A Matt se le formó un nudo en el estómago.

—¡Es una gran noticia! —contestó Matt, casi sin querer que fuera verdad.

—Para nosotros es una obviedad. Estamos muy contentos de ser la primera aerolínea en ponerlo en práctica. Haga que su equipo prepare todo el papeleo necesario, y podrán venir a la sede de Aerolíneas Thrive la próxima semana para firmar todo y hacerlo oficial. Nuestros inversores, la junta directiva y el equipo legal están de acuerdo en que, mientras tengamos una copia de los resultados de las pruebas aprobadas, podemos seguir adelante.

—¡Genial! —respondió Matt dando un puñetazo al aire—. Tendremos todo el papeleo listo para la próxima semana.

Jade se rio.

—¡Vamos a hacer historia!

Matt no se podía creer lo que acababa de ocurrir. Su corazón se aceleró. El sudor le caía por la frente. Se quedó mirando la pared en blanco durante unos minutos mientras los pensamientos se agolpaban en su mente. Había esperado un momento como ese durante toda su carrera. Todo estaba sucediendo demasiado rápido.

Sin saber qué hacer a continuación, Matt despertó a Kendra y le comunicó la noticia de que podría cerrar una venta realmente importante. Kendra estaba emocionada por él, pero notaba algo raro.

—No tienes buen aspecto —le dijo—. ¿Te encuentras bien?

—Sí, estoy perfectamente —respondió Matt—. Solo estoy cansado y este acuerdo es muy estresante. Hay algunas decisiones que tendré que tomar que quizá no sean las mejores, pero que aportarán mucho dinero a nuestra familia.

Kendra detuvo a Matt rápidamente y dijo:

—No me importa el dinero. Prefiero que estés ahí para los niños. Quiero que hagas lo correcto para que puedas dormir por las noches. Por favor, no tomes una decisión basada solo en el dinero. Te quiero. —Kendra se dio la vuelta y se quedó dormida. Matt permaneció despierto durante los treinta minutos que faltaban para que sonara el despertador.

Más tarde aquella mañana, Matt irrumpió en el despacho de Tony.

—¿Te gusta el olor del dinero? —preguntó Tony presionando un billete de veinte dólares contra la nariz.

Matt asintió lentamente y se sentó.

—Bien. Vamos a hacernos ricos. —Matt estaba temblando otra vez—. ¿Qué ocurre? —le preguntó Tony. A Matt le resultaba difícil responder.

—No sé si puedo llevar a cabo este trato. Estoy teniendo dudas. —Matt miró al suelo—. ¿Qué pensaría mi abuelo al respecto?

Tony acercó una silla al lado de Matt.

—Tu abuelo es un hombre de negocios. Ha tenido que tomar decisiones difíciles para mantener esta empresa a flote. —Tony puso su enorme mano sobre el hombro de Matt—. Si cierras este trato, tu abuelo estará orgulloso de ti. Al fin y al cabo, vas a ganar mucho dinero. Esto será enorme para tu carrera y para la empresa.

Matt estaba atascado. No sabía qué decir. Todo lo que pudo decir fue que siete millones de dólares era mucho dinero.

—Exactamente. ¡Ahora hagamos realidad este maldito trato! —exclamó Tony.

Matt cedió y, unas horas más tarde, su equipo subió a un avión para dirigirse a la sede de Aerolíneas Thrive. Durante todo el vuelo, Matt se preocupó por lo que debía hacer. Pensó en su abuelo. ¿Qué pensaría de él? Aunque no veía a su abuelo tan a menudo como le gustaría, no podía pensar en una persona mejor a la que emular, y quería que estuviera orgulloso. En el fondo, a pesar de la promesa de todo ese dinero, sabía que su abuelo no lo haría. Entonces pensó en su familia. Legalmente, si le pillaban haciendo eso, podría tener serios problemas. ¿Qué significaría eso para su familia? Podrían arrestarlo por fraude, por participar en un plan para falsificar los datos de las pruebas y, lo que es peor, por poner en peligro la vida de los futuros pasajeros de la aerolínea. Y, lo que es todavía peor, ¿qué pasaría si hiciera la venta y un avión se estrellara por culpa de los informes de pruebas falsificados? Matt recordó todas las veces que se había reunido con Randy. Le retó a tomar decisiones de las que se sintiera orgulloso dentro de veinte años. Matt sabía que no se sentiría orgulloso de sus acciones si seguía el plan, incluso aunque ya no tuviera que preocuparse nunca más por el dinero. Mientras el avión aterrizaba, Matt tomó una decisión.

CAPÍTULO 16

La venta

Matt bajó del avión con su equipo. Le costaba respirar y estaba sudando a mares. Nunca en su vida había estado tan nervioso. No podía dejar de pensar en el hecho de que, si esa venta se producía, momentos después ganaría millones de dólares. Matt, Tony y otros nueve compañeros fueron recibidos por diecisiete miembros del personal de Aerolíneas Thrive. Entraron en la sala de reuniones. Todos los integrantes de ambas partes de la transacción estaban entusiasmados, excepto Matt. Cuando terminó la charla, Jade entró con algunos miembros de su junta directiva y asistentes.

—Me alegro de verlo —dijo estrechando la mano de Matt con firmeza—. Gracias por venir con tan poca antelación. Estamos muy entusiasmados con este trato.

—Gracias —respondió Matt—. Nosotros también. —Matt y Tony se sentaron en una gran mesa frente a Jade y algunos otros de su equipo. En total, había treinta y siete personas en la sala. Matt sabía que esa iba a ser la mayor prueba de su vida.

El asistente de Jade presentó trescientas páginas de papeleo y Tony empezó a firmar documentos, uno tras otro, en nombre de la empresa. Una vez que Tony hubo firmado todos los documentos necesarios, Jade pidió una copia del informe de la prueba superada. Matt se la entregó y Jade la aceptó con una sonrisa.

—¡Vamos a revolucionar el sector! —exclamó—. Ahora solo necesitamos tres firmas de ustedes dos, y esto será un trato cerrado —comentó mientras Matt respiraba hondo—. Aquí está el bolígrafo oficial para firmar. —Matt cogió el bolígrafo con su palma húmeda.

—¿Se encuentra bien? —preguntó Jade.

El corazón de Matt empezó a acelerarse y sintió que todo sucedía a cámara lenta.

—Sí, estoy bien —soltó de golpe—. Necesito beber un poco de agua.

Matt salió de la sala y se dirigió directamente al baño. Atravesó la puerta del cubículo y vomitó. Fuera cual fuera la opción que eligiese, tendría que defraudar a alguien. Se quedó parado un segundo, respirando profundamente. Se echó agua en la cara y se miró en el espejo. Después de secarse con una toalla de papel, salió del baño y volvió a entrar en la reunión. Con todas las miradas fijas en él, Matt se sentó y cogió el bolígrafo. La sala se quedó en silencio mientras todos esperaban a que firmara.

Matt firmó el primer documento. Al pasar al segundo documento, dejó el bolígrafo y murmuró:

—No puedo hacerlo.

—¿Qué quiere decir? —preguntó Jade.

—Yo solo... —Matt murmuró antes de que Jade hablara.

—Todo representante de ventas sueña con estar en su posición. Está a punto de negociar uno de los mayores acuerdos de la historia de la industria de la aviación.

Tony intervino rápidamente:

—Matt, no tienes buen aspecto. Hablemos en privado un momento. —Tony miró a Jade, que asintió. Tony sacó a Matt de la sala al pasillo—. ¿Qué diablos crees que estás haciendo? —preguntó en un susurro firme—. Estás a punto de hacer el negocio de tu vida y hacerte rico más allá de tus sueños. ¿Qué te pasa?

Matt se encogió de hombros.

—Simplemente no puedo hacer esto.

—Escúchame. —Tony apretó el puño en la cara de Matt—. Si lo estropeas, nadie te va a perdonar. Tu abuelo se sentirá decepcionado. Estarás defraudando a toda nuestra empresa.

—Tengo que hacer lo correcto —dijo Matt dirigiéndose a la habitación. Tony trató de interponerse en su camino, pero Matt siguió su camino.

—Eres un idiota que va a cometer el mayor error de su vida —añadió Tony desde atrás.

—¿Sabes qué? —Matt se dio la vuelta—. Mi abuelo construyó esta empresa con integridad. Él confía en mí. No voy a ser el que mancille su reputación.

—¿Que confía en ti? Estás en este puesto porque le das pena. Tendrás suerte de tener un trabajo después de perder este trato.

Hirviendo de rabia, Matt pasó por la sala de reuniones, siguió por el pasillo y salió por la puerta principal. Tony se recompuso, volvió a entrar en la sala e intentó que los empleados de Aerolíneas Thrive estuvieran tranquilos.

—Matt no se encuentra bien —anunció—. Firmaré los papeles por él en nombre de la empresa.

Jade negó con la cabeza.

—No, me gustaría que Matt los firmara. Es el representante de ventas con el que he trabajado desde el principio.

Tony puso los ojos en blanco, pero aceptó los deseos de Jade.

—Creo que vamos a necesitar unos minutos más. Terminaremos esto pronto.

—Muy bien —respondió Jade, antes de despedir a su personal.

CAPÍTULO 17

La decisión

Mientras se dirigía a su habitación del hotel, Matt sintió que iba a desmayarse por el estrés y la falta de sueño. Al mismo tiempo, se había quitado un enorme peso de encima. No se podía creer que acabara de rechazar siete millones de dólares, pero, en el fondo, sabía que era lo correcto. Cuanto más tiempo pasaba en la cama, más dudas tenía sobre su decisión. El teléfono de Matt se llenó de llamadas y mensajes de Tony que decían que bajara a hacer el trato. Un mensaje decía: «¿En qué habitación estás?», pero Matt no respondió. En su lugar, apoyó la cabeza en la almohada y trató de dormirse, esperando evitar el estrés por completo.

Poco después de quedarse dormido, otro mensaje lo despertó. Se dio la vuelta y vio que era de Jade: «¿Dónde está?». A Matt se le desplomó el corazón. Estaba nervioso, pero sabía que tenía que hablar con Jade. Habían forjado una buena relación y ella confiaba en él. Matt le respondió el mensaje y quedaron en reunirse en la sala de conferencias, a solas.

Cuando Matt entró en la sala, vio a Jade sentada en el mismo asiento que antes. Parecía confundida y frustrada.

—¿Por qué han venido usted y su equipo hasta aquí si no quieren vendernos la tecnología?

—Es bastante complicado —respondió Matt.

—¿Hay alguna otra aerolínea que les ofrezca más dinero? —preguntó Jade a la defensiva.

—No es eso —respondió Matt rápidamente. Le empezó a temblar el labio, pero lo controló y le dio a Jade una respuesta sincera—. La situación es la siguiente. Aunque los motores han funcionado muy bien, la verdad es que aún no hemos recibido una prueba final aprobada. Le dije que lo habíamos hecho, pero no era cierto.

—¿Cómo es posible? —Jade miró la pila de documentos que tenía en la mano—. Tengo el documento de certificación aquí mismo.

Matt cogió el papel que Jade tenía en la mano.

—No pierda el tiempo. —Matt bajó el papel y tragó saliva—. El documento es falso.

Jade asintió con la boca abierta y apenas pronunció un «¿Qué?» como respuesta.

—Mire, nunca quise seguir adelante con esto. Tony exigió que lo hiciéramos y yo no tuve el valor de decir que no. Además, me atrapó la idea de obtener una comisión tan grande. Mi abuelo no sabe nada de esto y se escandalizaría si se enterara. Aunque confío en que los motores funcionarán bien para Aerolíneas Thrive en su estado actual, no podría, con la conciencia tranquila, venderles estos motores cuando no han pasado todas las pruebas reglamentarias.

—Vaya, no me lo puedo creer. ¿Por qué no han esperado a tener los resultados reales aprobados? ¿Por qué tanta prisa? —preguntó Jade.

Matt la interrumpió.

—Lo sé. Lo siento. Nunca debí dejar que llegara tan lejos. Temía por mi trabajo y me he pasado la vida soñando con hacer una venta de esta magnitud, así que dejé que mis emociones influyeran en mi toma de decisiones. Permití que el beneficio personal fuera más prioritario que hacer lo correcto. Deberíamos haber esperado a los resultados de las pruebas certificadas, pero Tony se empeñó en que siguiéramos adelante. Cedí a la presión. No puedo culpar a nadie más que a mí mismo por lo que ha sucedido. Lo siento mucho.

Jade se sentó y se quedó callada unos momentos asimilando las palabras de Matt.

—Voy a serle sincera. —Se mordió el labio inferior y luego lo soltó de golpe—. Ha hecho lo correcto. Acaba de salvar potencialmente a Aerolíneas Thrive de millones de dólares en futuras demandas y posibles fallos en nuestros aviones. Me molesta que permitiera que esto llegara tan lejos, pero le agradezco su honestidad.

Matt se quitó un peso de encima.

—Sabe que podríamos demandarlos, ¿verdad? —dijo Jade con voz severa.

—Lo sé. Nos lo mereceríamos. —Matt bajó la mirada.

Jade añadió:

—Mire, solo quiero que sepa que no vamos a hacerlo, y que nos va a llevar algún tiempo resolverlo todo por nuestra parte. Pero si el motor pasa las pruebas, quiero ser la primera persona en enterarme. ¿Trato hecho?

—Trato hecho. —Matt le estrechó la mano y añadió—: Estoy muy seguro de que las pasarán, y cuando lo hagan, la llamaré de inmediato.

Matt regresó a su habitación de hotel sintiéndose extrañamente aliviado. Sabía que había tomado la decisión correcta.

Después de su conversación, Jade llamó rápidamente a Jerry.

Cuando Jerry contestó al teléfono, Jade le dijo:

—Por culpa de su nieto, no seguimos adelante con la venta.

Jerry casi se cayó de su asiento.

—¿Qué ha pasado? ¿Qué ha hecho mal?

—Nada. De hecho, acaba de salvarnos a lo grande. Resulta que Tony falsificó las firmas en los resultados de las pruebas. Sus motores aún no han pasado todas las pruebas reglamentarias.

Jerry estaba atónito.

—¿Qué? ¿Cómo es posible? ¿Cómo lo ha descubierto?

Jade le explicó cómo Matt se negó a firmar los papeles. Le contó cómo Tony le amenazó con su trabajo si no seguía adelante. Finalmente, concluyó:

—Matt hizo lo correcto. Nunca he visto a alguien actuar así con tanto dinero en juego.

Jerry no se podía creer lo que estaba escuchando. Estaba furioso porque Tony, un hombre que había trabajado para Turnbow durante casi una década, fuera capaz de hacer algo así. Pero también estaba agradecido por la decisión de su nieto.

Jerry respondió sombríamente:

—Lo siento mucho, no sé ni por dónde empezar. Haré las cosas bien y puedo prometerle que trabajaremos las veinticuatro horas del día por nuestra parte para obtener los resultados de las pruebas, y así poder conseguirle esos motores.

Después de la llamada entre Jerry y Jade, Jerry hizo que despidieran a Tony inmediatamente. Entonces, cogió el teléfono y llamó a Matt.

Cuando Matt contestó, Jerry le dijo:

—Has hecho lo correcto por el bien de nuestra empresa y estoy muy orgulloso de ti. Me ha llamado Jade y me lo ha contado todo. Han despedido a Tony con efecto inmediato. Ahora eres vicepresidente de ventas. —Respiró hondo—. Creo que Aerolíneas Thrive esperará hasta que hayamos superado todas las pruebas reglamentarias gracias a tu integridad y transparencia. Buen trabajo.

CAPÍTULO 18

La votación

Cuando Matt llegó a casa después del viaje, su mujer y sus dos hijos estaban allí para recibirlo. Cuando Kendra se acercó a él, notó que su comportamiento era diferente al que tenía antes de irse.

—Pareces feliz. Menos estresado. Entonces, ha sido un éxito, ¿no? —preguntó Kendra.

—Estoy mucho menos estresado, eso seguro. —Matt sonrió. Le explicó toda la situación. Kendra lo rodeó con sus brazos y él la acercó—. ¿Así que no estás enfadada conmigo por haber rechazado todo ese dinero?

—Por supuesto que no. Tengo todo lo que necesito aquí dentro de esta casa. —Kendra acarició la espalda de Matt—. Gracias por ser un hombre íntegro.

Pasaron dos meses. Matt estaba contento y rendía bien en el trabajo. Salía antes para pasar tiempo con su familia y dirigía su equipo de ventas con eficacia. Su familia y su equipo en el trabajo notaron un cambio en él, y con cada visita a Randy, su liderazgo mejoraba. Ya no lo veían como el nieto mimado de Jerry con el que se veían obligados a trabajar, sino como alguien a quien respetaban y con el que querían trabajar. Un mes después, Matt recibió una llamada de uno de los técnicos principales. «¡Lo hemos conseguido! El motor por fin ha pasado las pruebas».

A Matt se le aceleró el corazón. Dio las gracias, colgó y llamó a Jade. Tras seis días de negociaciones, la venta se llevó a cabo. Jade le admitió a Matt que, en ocasiones, su equipo estuvo tentado de buscar motores similares en otras empresas, pero, como Matt había sido tan honesto, Jade siguió esperando, dándole tiempo a Turnbow para obtener los resultados finales de las pruebas.

—Me interesa más el éxito a largo plazo —afirmó Jade—. Sus acciones demostraron que a usted también le interesa, y por eso queremos hacer negocios con usted.

Matt no se lo podía creer. A finales de mes, iba a recibir la mayor comisión de su vida: siete millones de dólares. Había esperado mucho tiempo para ese momento y no se podía creer que fuera a poder jubilarse anticipadamente.

Jerry estaba muy orgulloso de su nieto por haber hecho lo correcto y haber cerrado el mayor acuerdo de la historia de Turnbow. La historia se extendió por la empresa como un reguero de pólvora y alabaron a Matt como el héroe de la historia por su valor e integridad. Todo el mundo vio el sorprendente desenlace del drama que se había desarrollado y todos se sintieron inspirados por la decisión de Matt de hacer lo correcto en medio de toda la presión a la que se enfrentaba.

Mientras Matt estaba en lo más alto, la salud de Jerry continuaba empeorando a un ritmo rápido. Todos empezaron a darse cuenta. Su consejo de administración sugirió que se acelerara la búsqueda del próximo director general que guiara a Turnbow hacia el futuro. Después de buscar un candidato externamente sin suerte, uno de los asesores de Jerry sugirió que el equipo buscara internamente. Jerry aceptó. Como punto de partida, en la siguiente reunión del consejo de administración, Jerry entregó a cada uno de sus miembros un papel. Para obtener una lista de candidatos factibles, les pidió que escribieran su sugerencia sobre quién creían que debía ser considerado para el puesto de director general. El equipo se tomó un tiempo para reflexionar sobre sus opciones y después Jerry recogió los doce papeles. Cuando los leyó, se sorprendió al ver que todos habían escrito el mismo nombre en el papel.

CAPÍTULO 19

El nuevo director general

Un mes después de que Matt recibiera su bonificación de siete millones de dólares en criptomoneda, era más optimista que nunca sobre el futuro. Tuvo una reunión con su equipo y les dijo lo mucho que apreciaba a cada uno de ellos y lo mucho que había disfrutado trabajando con ellos durante los últimos años, pero que había decidido retirarse antes de tiempo y pasar a la siguiente etapa de su vida. Aunque los miembros de su equipo estaban tristes por su partida, sabían que quería viajar y tener más libertad. Cada uno de ellos sentía un verdadero cariño por Matt y deseaba sinceramente lo mejor para él.

Después de comer un poco de pastel y abrir algunos regalos de sus compañeros de trabajo, Matt se sentó solo en su oficina. Miró a su alrededor las fotos de las paredes que había ido colocando durante su tiempo en esa gran empresa. Mientras empezaba a guardar las cosas en cajas de cartón, oyó que llamaban a la puerta.

Era Jerry. Parecía muy enfermo y Matt sintió un nudo en la garganta.

Jerry asintió con orgullo.

—De todas las formas en que te he visto crecer como persona y como líder, es la forma en que has estado liderando a tu familia lo que me hace sentir más orgulloso. La verdad es que no podría estar más orgulloso de ti.

—Gracias, abuelo. Me entristece dejar este lugar. Hay muchos buenos recuerdos y mucha gente estupenda —dijo Matt mientras luchaba contra las lágrimas.

Jerry sonrió.

—Por eso no puedes irte todavía.

—Abuelo, sabes que me encanta esta compañía, pero...

Jerry le interrumpió.

—Bueno, tengo algo que decirte antes de que empieces a ponerte demasiado sentimental. —Jerry se rio y después Matt se unió a él.

—Vale, adelante, entonces.

—Nuestro consejo de administración tuvo ayer una votación y te eligió por unanimidad para ser el próximo director general de esta empresa. Yo no les he obligado a decidirlo. Ellos votaron. Te quieren a ti. Sé que no planeabas que te pusieran en esta situación, pero, debido a mi salud, tuvimos que tomar decisiones con más rapidez. Quería decírtelo de inmediato.

Matt estaba aturdido.

—Escucha, quiero que seas el próximo director general de esta empresa —afirmó Jerry—. No solo porque eres mi nieto, sino porque confío en que la dirigirás de forma correcta. He estado esperando más de una década para encontrar a mi sustituto y creo que tú eres la persona perfecta. Sé que tienes otros planes, así que, si decides rechazar esto, no pasará nada. Quiero que hagas lo mejor para ti, Kendra y los niños.

Matt se encontraba en una encrucijada. ¿Quería pasar el resto de su vida de vacaciones tumbado en la playa? ¿O anhelaba algo más?

Jerry añadió:

—Sé que es mucho que asimilar, pero la semana que viene es la convención anual de toda la empresa. Si aceptas, te presentaremos como nuevo director general de Turnbow y podrás dar tu primer discurso al frente de la empresa.

Matt pensó al instante en sus encuentros con Randy. «¿De qué decisión me sentiría orgulloso dentro de veinte años?», pensó Matt.

Matt aceptó pensarlo. Jerry le dijo que tenía veinticuatro horas para decidir, o tendrían que buscar a otra persona. A pesar de la dulzura y la integridad de su abuelo, seguía siendo un hombre de negocios, y esa era una decisión que debía tomarse cuanto antes. Matt lo habló con Kendra y los niños. No era solo su decisión. Era una decisión que debían tomar todos juntos. Si no estaban de acuerdo, él no lo aceptaría. Tras un breve debate, decidieron que sería un gran honor continuar con el legado y la tradición de la empresa de Jerry. Sabían que Matt tendría que trabajar duro, pero se esforzarían por hacer viajes en familia y dedicar tiempo a lo que era más importante para ellos como familia.

—De todas formas, ¿cuánto golf y tumbarse en la playa se puede hacer? —bromeó Kendra—. La vida es mucho mejor cuando se vive con un propósito mayor.

Y así fue por unanimidad. Matt se reunió con Jerry y le comunicó que aceptaría el trabajo.

CAPÍTULO 20

El primer discurso

Matt y su familia se registraron en el hotel Nápoles, en Florida, donde se celebraba la convención de la empresa. Tras dejar las maletas y relajarse en sus habitaciones, llegó el momento de la sesión vespertina.

* * *

Miles de empleados de Turnbow Technologies asistieron al evento, y el ambiente era muy animado. Jerry se dirigió a la multitud y les dijo que acababan de realizar la mayor venta de la historia de la empresa y que todos los miembros del equipo debían estar orgullosos de sí mismos. No dio las gracias a nadie en particular, sino a equipos de personas, desde el consejo de administración y líderes tecnológicos hasta los empleados con los puestos más básicos. Sus palabras fueron recibidas con un aplauso entusiasta.

Jerry no tardó en presentar a Matt como nuevo director general. Matt subió al podio, humilde pero orgulloso y confiado.

Tras dar las gracias a su abuelo, Matt pronunció un discurso breve pero lleno de espíritu como nuevo director general. Dio las gracias a todos por aceptarlo y ayudarle a crecer. Su nueva madurez significaba que estaba preparado para el papel más importante de la empresa. Tras bajar del escenario, abrazó a Kendra y a sus hijos.

—Siempre seréis lo primero —dijo—. Lo prometo. —Kendra sonrió. Matt continuó—: Quiero ser la misma persona con la que te casaste.

Kendra lo besó.

—En realidad, puedes ser mejor que eso —respondió Kendra. Matt soltó una risa cómplice.

Después de que sus hijos lo felicitaran, Matt oyó una voz familiar detrás de él.

—¡¿Randy?! ¿Qué está haciendo aquí? ¿Cómo se ha enterado de esto? Todo ha sucedido tan rápido que ni siquiera he tenido la oportunidad de ir a verlo. Quería contárselo en persona.

—Bueno, su asistente le habló a su abuelo de nuestros encuentros y resulta que conoce a un par de personas del sector aéreo —respondió y le guiñó un ojo a Matt—. Se puso en contacto con el director de nuestro aeropuerto y me encontró. Me trajo aquí esta noche y, sinceramente, no me habría perdido esto por nada del mundo. Ha sido estupendo verlo crecer hasta convertirse en el excelente líder en el que se ha convertido. Ha superado esta primera prueba con creces. Enhorabuena.

Matt estaba al borde de las lágrimas. Tener a Randy en ese momento fundamental de su vida le encantó.

Randy continuó:

—Ha sido un privilegio verle conseguir este ascenso y estoy muy contento de formar parte de él. Siento mucho no poder quedarme más tiempo. Tengo que estar de vuelta en el aeropuerto por la mañana para trabajar. Me ha encantado verlo y tengo muchas ganas de mi primera reunión con el nuevo director general de Turnbow.

—Espere un segundo… Necesito preguntarle una cosa a mi abuelo.

Jerry estaba hablando con un miembro de la junta directiva cuando Matt se acercó a él y le susurró una pregunta al oído. Jerry esbozó una sonrisa y respondió:

—Ahora esta es tu empresa. De ahora en adelante, tú tomas estas decisiones.

—Supongo que tienes razón —contestó Matt. Volvió a acercarse a Randy y le dijo—: Como nuevo director general de esta empresa, quiero dirigirla de forma correcta. Pero no puedo hacerlo solo. ¿Qué le parecería abrir un Dillon's Pizza dentro de Turnbow Technologies? Tenemos un patio de comidas y más de cinco mil empleados a los que les vendría bien su actitud positiva. Podría pasar unos días al mes aquí y ser mi *coach* de liderazgo. ¿Qué le parece?

—Tenemos nuestros restaurantes principalmente en aeropuertos y ciudades universitarias —afirmó Randy con severidad, y luego guiñó un ojo—. Hablaré con el dueño y veré qué puedo hacer. —Y así fue como nació otro local de Dillon's Pizza justo dentro del patio de comidas de Turnbow.

Matt sabía que, si iba a dirigir Turnbow con integridad, necesitaba a las personas adecuadas a su alrededor. La integridad no es una decisión que se toma una única vez. Es una decisión para toda la vida. Es una decisión que se toma cada día durante el resto de la vida. Y la vida es mucho mejor cuando te rodeas de personas que eligen vivir con integridad, te hacen responsable y te apoyan en el camino.

Epílogo

A día de hoy, Matt nunca se ha sentido mejor. Está más seguro de sí mismo, más conectado con su familia y a cargo de una empresa de éxito que opera con integridad en todos los niveles. Turnbow Technologies sigue siendo una de las principales empresas de tecnología aeronáutica gracias a su compromiso de hacer lo correcto. Empresas de todo el mundo visitan Turnbow para observar su cultura y llevar las estrategias a sus propios negocios. Bajo el liderazgo visionario de Matt, calificaron a Turnbow Technologies como una de las mejores empresas para trabajar, así como una de las compañías de más rápido crecimiento en el país.

Cuando un medio de comunicación le preguntó recientemente a Matt por el secreto de su éxito, este explicó: «No estamos en el sector de las ventas de aviación; estamos en el negocio de las personas. Sabemos que cuando operamos con integridad, como individuos y como empresa, todo el mundo mejora. Mi abuelo hizo negocios de esa manera durante más de cuarenta años, y no tenemos pensado dejar de operar de esa manera».

Las cuatro leyes de la integridad

Ley n.º 1: La integridad genera confianza

Ley n.º 2: La integridad permite el éxito a largo plazo

Ley n.º 3: Integridad = Tu mejor yo

Ley n.º 4: La integridad te libera para vivir